말씀의 성육신에 관하여

(주)죠이북스는 그리스도를 대신한 사신으로
문서를 통한 지상 명령 성취와 하나님 나라 확장을 위해 노력합니다.

On the Incarnation
Originally Titled *The Incarnation of the Word of God.*
Sourced from The MacMillan Company, New York: 1951.

Preface by C. S. Lewis copyright © C. S. Lewis Pte. Ltd.
Reprinted by permission.

This Korean Edition copyright © 2021 JOY BOOKS Co. Ltd., Seoul,
Republic of Korea

말씀의 성육신에 관하여

아타나시우스 지음
C. S. 루이스 서문
피넬로피 로슨 수녀 옮김(영역) | 오현미 옮김(한역)

죠이북스

· **옮긴이 일러두기**

1. 저자가 인용하는 성경은 칠십인역 성경이지만 이 책에서는 개역개정 성경에서 해당 본문을 가져왔으며, 칠십인역에서 인용한 부분이 개역개정 성경의 번역과 크게 다를 경우 옮긴이가 사역했다.
2. 외경은 공동번역 성경에서 인용했다.
3. 지명이나 인명은 가능한 한 개역개정 성경의 표기를 따랐으며, 경우에 따라 현대어 표기를 병기했다.

이 영역본은 잉글랜드 원티지 소재 성공회 마리아회(Anglican Community of St. Mary the Virgin) 소속 피넬로피 로슨 수녀가 번역했다. 첫 발간 당시 "C.S.M.V.의 한 수사가 번역하고 편집함"이라는 설명만 붙여 출판했다.

아타나시우스는 성경적 기독론을 수호하기 위해 '콘트라 문둠'(*contra mundum*), 즉 "세상에 대항"했다. 그는 온 세상이 아리우스의 이단 사상을 따르려 하는 것 같을 때 아리우스에 반대했다. 아타나시우스의 저작은 오늘날까지도 정통 삼위일체 교리를 결정적으로 진술한 문서로 남아 있다.

* 원문에는 성경 구절을 각주로 밝혔지만, 본 책에서는 이를 본문에 넣었음을 밝힙니다.
* 본문에 '옮긴이' 주는 한역자가 쓴 것임을 밝힙니다.

차례

서문 _6

1. 창조와 타락 _20
2. 하나님의 딜레마와 그 해법인 성육신 I _31
3. 하나님의 딜레마와 그 해법인 성육신 II _42
4. 그리스도의 죽음 _60
5. 부활 _75
6. 유대인을 논박함 _89
7. 이방인을 논박함 I _109
8. 이방인을 논박함 II _123
9. 결론 _143

서문

어떤 주제를 다루든 옛날 책은 전문가들만 읽어야 하고 아마추어들은 최신 서적들에 만족해야 한다는 이상한 개념이 널리 퍼져 있다. 영문학 교수로서 내가 알게 된 사실이 있는데, 어떤 평범한 학생이 플라톤주의에 관해 무언가를 알고 싶을 경우 도서관 서가에서 플라톤의 「향연」(*Symposium*) 역본을 찾아 읽어 볼 생각은 좀처럼 하지 않는다는 것이다. 그 학생은 오히려 그보다 열 배는 더 두꺼운 요즘 책을 읽으려 한다. 온통 "−주의"(ism)가 어떻고 그 영향력은 어떻다는 말만 할 뿐 플라톤이 실제 무슨 말을 했는지는 겨우 열두 페이지에 한 번 정도 나오는 지루한 책을 말이다. 그러나 이 정도의 오류는 겸손에서 비롯되는 오류이기 때문에 다소 귀엽다고 할 만하다. 이 학생은 위대한 철학자로 손꼽히는 사람을 정면으로 마주할 용기가 없다. 자신은 그럴 만한 자격이 없으며 그 철학자의 책을 읽어도 이해하지 못할 거라 생각한다. 그러나 위대한 사람은 바로 그 위대함 때문에 현대 주석가들의 글보다 훨씬 이해하기 쉽다는 사실을 이 학생이 안다면 좋았을 것이다. 아주 평범한 학생도 플라톤의 말을 다는 아니더라도 상당 부분 이해할 수 있을 테지만, 플라톤주의를 다루는 요즘 책들 중에는 누가 읽어도 이해할 수 없는 책들이 있다. 그래서 학생들을 가르치는 사람으로서 내가 지금까지 힘써 온 일 한 가지는, 직접적 지식은 간접적 지식에 비해 더 애써서 획득할 만한 가치가 있을 뿐만 아니라 대개 더 쉽고 더 기분 좋게 습득할 수도 있다고 젊은이들을 설득하는 것이다.

근래 나온 책들을 더 좋아하고, 옛날 책은 선뜻 집어 들지 못하는 이 잘못된 태도가 가장 만연한 곳은 다름 아닌 신학 영역이다. 목회자나 신학생이 아닌 일반 그리스도인들의 소규모 공부 모임에서는 누가나 바울, 아우구스티누스나 토마스 아퀴나스 혹은 리차드 후커(Richard Hooker, 1554-1600, 잉글랜드 국교회 성직자)나 조셉 버틀러(Joseph Butler, 1692-1752, 더럼의 주교)가 아니라 니콜라이 베르쟈예프(Nikolai Aleksandrovich Berdyaev, 1874-1948, 러시아의 철학자이자 작가), 자크 마리탱(Jacques Maritain, 1882-1973, 프랑스의 아퀴나스파 철학자), 라인홀드 니부어(Reinhold Niebuhr, 1892-1971), 도로시 세이어즈(Dorothy Sayers, 1893-1957), 심지어 필자 같은 사람들의 책을 공부할 것이 거의 확실하다.

내가 보기에 이는 본말이 바뀌었다. 물론 나 자신도 글을 쓰는 사람이기에 일반 독자가 현대 서적을 전혀 읽지 않기를 바라지는 않는다. 하지만 요즘 나오는 책과 옛날 책 중 한 가지만 읽어야 한다면, 나는 옛날 책을 읽으라고 독자에게 권할 것이다. 내가 독자에게 이런 조언을 하는 이유는, 그 독자가 아마추어이고 따라서 최신 책들만 읽는 데 따르는 위험에서 보호받을 가능성이 전문가에 비해 훨씬 적기 때문이다. 최신 서적은 아직 검증이 안 된 상태이고, 아마추어는 그 책이 읽어도 될 만한 책인지 판단할 수 있는 입장이 아니다. 요즘 나오는 책들은 긴 세월에 걸쳐 확립된 기독교 사상의 대계(大系)를 기준으로 검증되어야 하며, 책 속에 감춰진 모든 함축적 의미(그런 의미가 있는지 대개 저자 자신도 생각해 보지 않은)가 밝혀져야 한다. 현대 서적은 다수의 다른 최신 책에 대한 지식이 없으면 제대로 이해할 수 없는 경우가 많다. 여덟 시에 시작된 대화에 열한 시쯤 끼어들면 대개 대화의 의미를 제대로 파악하지 못할 것이다. 중간에 끼어든 사람이 대수롭지 않게 생각하고 던진 몇 마디 말이 폭소를 낳기도 하고 짜증을 불러일으키기도 할 것이며, 그러면 그 사람은 이유를 몰라 어리둥절할 것이다. 물론 좌중이 그런 반응을 보이는 것은, 그 사람이 끼어들기 전에 나눈 대화가 그 사람의 그 말 몇 마디에 특별한 의미를 부여해 주기 때문이다. 마찬가지로, 최신 서적 속의 특이할 것 없어 보이는 문장들이 사실은 다른 어떤 책을 겨냥한 말일 수 있다. 그래서 그 말의 진짜 의미를 알았다면 격분해서 거부했을 말을 자기도 모르게 받아들일 수도 있다. 유일한 안전장치는 당대의 논쟁들을 올바른 관점에서 보게 해주는 명백하고 기본적인 기독교 신앙의 표준(리차드 백스터는 이를 가리켜 '순전한 기독교'[Mere Christianity]라고 했다)을 아는 것이다. 그런 표준은 오직 오래된 책들에서만 얻을 수 있다. 바람직한 규칙이라면, 최신 서적을 읽고 나서는 옛날 책을 한 권 읽고, 그런 다음에야 최신 서적을 또 한 권 읽는 것이다. 이것이 너무 버겁다면, 최신 서적을 세 권 읽을 때 오래된 책을 적어도 한 권은 읽어야 한다.

각 시대마다 나름의 관점이 있다. 이 관점은 어떤 진리를 특히 잘 파악하기도 하고 어떤 오류를 특히 잘 저지르기도 한다. 그러므로 우리 모두에게는 우리 시대의 특징적 오류를 바로잡아 줄 책들이 필요하다. 그리고 그런 책은 곧 오래된 책들을 뜻한다. 당대의 저자들은 당대의 관점을 어느 정도 공유한다. 필자처럼 그 관점에 심히 반대하는 것처럼 보이는 사람도 마찬가지다. 과거에 벌어진 논쟁들을 읽을 때 무엇보다 인상적인 것은, 논쟁을 벌이는 양측 모두 지금의 우리라면 절대적으로 부인할 내용들을 상당 부분 아무 이의 없이 당연하게 받아들였다는 사실이다. 양측은 자신들이 더할 수 없이 상반되는 입장이라고 생각했지만, 사실 이들은 상당히 많은 공통의 가설로써 은밀히 내내 결속되어 있었다. 이 가설로써 이들은 자기들끼리는 연합했고, 전후 시대의 이론들과는 맞서 싸웠다. 20세기의 특징적 맹점(후대 사람들은 이 맹점에 관해 이렇게 물을 것이다. "옛 사람들은 어떻게 그런 생각을 할 수 있었지요?")은 우리가 한 번도 의심해 본 적이 없는 지점에 있으며, 이 맹점과 관련해서는 히틀러와 루즈벨트 대통령 간에도, H. G. 웰스와 칼 바르트 사이에서도 아무 문제 없이 의견이 일치된다. 누구도 이 맹점을 완전히 피해 갈 수 없으며, 최신 서적만 읽을 경우 이 맹점이 강화될 것이 확실하고, 이에 대한 경계심도 약화될 것이다. 최신 서적이 맞는 말을 할 경우, 이는 우리가 이미 반쯤은 알고 있는 진리를 말해 주는 것일 뿐이다. 반대로 틀린 말을 할 경우, 이는 이미 위험할 정도로 잘못되어 있는 우리의 오류를 심화시킬 것이다. 이를 완화할 유일한 대책은 우리의 지성을 통해 수세기의 깨끗한 해풍(海風)이 계속 불어오게 하는 것뿐이며, 이는 오래된 책들을 읽음으로써만 가능하다. 물론 과거에 어떤 마법 같은 게 있지는 않다. 옛날 사람들이 지금 사람들에 비해 더 똑똑하지도 않았다. 옛 사람들도 우리처럼 실수를 저질렀다. 하지만 우리와 같은 실수는 아니었다. 우리도 이미 오류를 저지르고 있으므로 우리가 옛 사람들보다 낫다고 우쭐할 일도 없고, 옛 사람들의 오류는 이제 다 드러나서 누구나 알 수 있기에 우리를 위험에 빠뜨리지도 않는다. 하나보다 둘이 낫다고 하는 것은 어느 한쪽이 무오(無誤)하기 때문이 아니라 둘 다 한 방향으로 잘못 갈 리는 없기 때문이다. 확신컨대, 미래에 나올 책들이 과거에 나온 책들만큼 탁월하게 우리의 오류를 바로잡아 줄 수도 있겠지만, 안타깝게도 미래에 나올 책들은 우리 손에 넣을 수 없다.

내 경우, 영문학을 연구하다가 거의 우연에 가깝게 기독교 고전을 읽게 되었다. 리차드 후커, 조지 허버트(George Herbert, 1593-1633), 토마스 트러헌(Thomas Traherne, 1637-1674), 에드워드 테일러(Edward Taylor, 1645-1729), 존 버니언(John Bunyan, 1628-1688) 같은 사람들의 작품을 읽은 것은 이들 자체가 위대한 영문학 작가들이기 때문이고, 보이티우스(Boethius, 480-525), 성 아우구스티누스(Augustinus, 354-430), 토마스 아퀴나스(Thomas Aquinas, 1224-1274), 단테(Dante, 1265-1321) 같은 사람들의 작품을 읽은 것은 이들이 '영향력 있는 사람'이었기 때문이다. 조지 맥

도널드(George Macdonald, 1824-1905)는 내 나이 열여섯 살 때 알게 된 작가로, 그의 기독교 신앙을 무시하려고 오랜 세월 애쓰기는 했지만 그에 대한 내 충성심은 한 번도 흔들린 적이 없다. 알다시피, 이들은 교파도 다르고 환경과 시대도 각양각색이다. 그리고 이 사실은 이 사람들의 작품을 읽어야 할 또 하나의 이유를 우리에게 제공해 준다. 기독교 세계의 분열은 부인할 수 없는 사실이고, 이 분열상은 이 작가 몇몇이 자신의 글로 아주 격렬히 표현했다. '기독교'는 아주 많은 의미를 지닌 단어여서 실제로는 아무 의미도 아니라고 생각하고 싶은 마음이 든다면(현대 서적만 읽는 사람이라면 그런 생각이 들지도 모른다), 자신이 속한 세기에서 한 걸음 벗어 나옴으로써 사실은 그렇지 않다는 것을, 모든 의심을 초월해서 깨달을 수 있다. 수 세대의 세월을 배경으로 판단해 볼 때 '순전한 기독교'는 교파를 초월한 무미건조하고 명백한 명제가 아니라 적극적이고 자기모순이 없고 다함없는 어떤 것임이 드러난다. 이는 내가 겪어 봐서 아는 사실이다. 아직 기독교를 싫어하던 시절, 나는 마치 너무도 익숙한 냄새처럼 거의 불변하는 어떤 것을 알아보는 법을 배웠는데, 그것을 이제 청교도 버니언의 작품에서, 국교도 후커의 작품에서, 그리고 토마스 아퀴나스파인 단테의 작품에서 만났다. 그것은 프란치스코 살레시오(Francois de Sales, 1567-1622)의 글에도 (달콤하고 꽃 같은 형태로) 존재했고, 에드먼드 스펜서(Edmund Spenser, 1552-1599)와 아이작 월튼(Izaak Walton, 1593-1683)의 작품에도 (장중하고 꾸밈없는 형태로) 존재했다. 그것은 파스칼과 새뮤얼 존슨(Samuel Johnson, 1709-1784)의 작품에도 (냉혹하지만 단호한 형태로) 존재했고, 시인 헨리 본(Henry Vaughan, 1622-1695)과 야콥 뵈메(Jakob Böhme, 1575-1624, 독일의 신지학 작가)와 트러헌의 작품에도 온화하고 놀랍고 낙원의 향취를 지닌 형태로 녹아들어 있었다. 18세기의 도회적이고 냉철한 풍조 가운데서도 방심할 수 없었다. 윌리엄 로(William Law, 1686-1761)와 조셉 버틀러(Joseph Butler, 1692-1752)는 그 길을 가로막고 있는 두 마리 사자였다. 엘리자베스 시대의 이른바 '이교 신앙'(Paganism)도 이를 막지는 못했다. 이는 가장 안전하다고 생각할 수도 있는 곳, 「요정의 여왕」(*The Faerie Queene*, 에드먼드 스펜서가 쓴 12권짜리 장시)과 「아카디아」(*Arcadia*, 필립 시드니가 쓴 목가풍의 연애시) 한가운데서도 숨어서 기다렸다. 물론 형태는 다양했다. 하지만 본질은 전혀 오해의 여지가 없을 만큼 똑같았다. 생명이 되게끔 하지 않는 한 이 향기는 우리에게 죽음이며, 이 피할 수 없는 향기를 나는 알아볼 수 있었다.

죽음의 바람이

저기 먼 나라에서 불어온다

(A. E. 하우스먼의 시 〈내 맘속으로 죽음의 바람이〉에서_옮긴이)

기독교 세계의 분열에 대해서는 모두 슬퍼하고 부끄러워하는 게 옳다. 그리고 기독교의 틀 안에서만 살아온 사람들은 그 분열 때문에 너무 쉽게 낙심할 수도 있다. 분열은 나쁘지만, 이런 사람들은 기독교의 틀 밖에서는 분열이 어떻게 보이는지 알지 못한다. 기독교의 틀 밖에서 볼 때, 그 모든 분열에도 불구하고 여전히 온존(溫存)하는 것은 엄청나게 경이로운 일치성(unity)인 듯하다(실제로 그러하듯). 이것은 내가 틀 밖에서 지켜보았기 때문에 안다. 그리고 우리의 원수들도 이 사실을 잘 안다. 그 일치성은 자기가 속한 시대에서 한 걸음만 밖으로 나가 보면 누구라도 확인할 수 있다. 충분하지는 않지만, 그 일치성은 우리가 지금까지 상상해 온 것 이상이다. 일단 이 일치성을 잘 이해하고, 그런 다음 이를 과감히 말할 수 있게 될 경우, 재미있는 경험을 할 수도 있다. 사실은 버니언의 말을 풀어 옮기고 있는데 로마 가톨릭교도로 여겨지기도 하고, 아퀴나스를 인용하고 있는데 범신론자로 오해받기도 하는 등 말이다. 이는 우리가 이제 시대와 시대 사이에 가로놓인 높은 수준의 구름다리 위에 올라섰기 때문에 생기는 일이다. 이 구름다리는 골짜기에서 보면 아주 높게 보이고, 산에서 보면 아주 낮게 보이며, 늪에 비하면 아주 좁아 보이고, 양 떼가 다니는 길에 비하면 아주 넓어 보인다.

이 책은 일종의 실험이다. 이 책이 번역된 것은 신학도만을 위해서가 아니라 보통 사람들 전반을 위해서다. 이 기획이 성공한다면, 아마 다른 위대한 기독교 서적들도 뒤따라 번역 출간될 것이다. 물론 어떤 의미에서 이 책이 이 분야 최초 시도는 아니다. 「독일 신학」(Theologia Germanica), 「그리스도를 본받아」(the Imitation of Christ), 「완전의 척도」(the Scale of Perfection), 「놀위치의 줄리안의 계시」(the Revelations of Lady Julian of Norwich)가 이미 번역되어 판매되고 있으며, 그다지 학문적이지 않은 책들도 있긴 하지만 그래도 이는 아주 소중한 자료들이다. 그런데 이런 책들은 교리 책이기보다는 모두 경건 서적이라는 사실이 눈에 띌 것이다. 목회자나 신학생이 아닌 일반 그리스도인, 또는 아마추어는 경건을 권면받아야 할 뿐만 아니라 교리를 가르침 받을 필요도 있다. 이 시대는 지식에 대한 필요성이 특히 절실하다. 물론 나는 경건 서적과 교리 서적이 뚜렷이 구분되어야 한다고 생각하지는 않는다. 내 경우, 경건 서적보다는 교리 서적이 경건 생활에 더 도움이 되는 경향이 있으며, 다른 많은 사람도 동일한 경험을 하지 않을까 생각한다. 경건 서적 앞에 가

만히 앉거나 무릎을 꿇을 때는 아무 일도 일어나지 않는데, 입에 담뱃대를 문 채 연필을 손에 들고 약간 어려운 신학책을 끝까지 읽어 나가다 보면 마음이 저절로 기뻐지는 경험을 하는 사람이 많을 거라고 믿는다.

이 책은 매우 위대한 책을 훌륭히 번역해 낸 역본이다. 아타나시우스는 '아타나시우스 신조'(Athanasian Creed)의 특정 문장 때문에 어려움을 당한 것으로 널리 알려져 있다. 아타나시우스 신조가 엄밀한 의미에서 신조는 아니며 아타나시우스가 작성한 것도 아니라는 점을 여기서 상세히 논하지는 않겠다. 내가 생각하기에 이는 아주 훌륭한 문서이기 때문이다. 문제가 되는 부분은 "누구든지 이 신앙을 완전무결하게 지키지 않는 자는 의심의 여지 없이 영원한 파멸에 이르나이다"라는 문장이다. 이 문장은 흔히 오해를 받는다. 여기서 중요한 역할을 하는 단어는 '지키다'라는 단어다. '획득하다'도 아니고 심지어 '믿다'도 아니고 '지키다'이다. 이 문장을 쓴 이는 사실 불신자가 아니라 신앙을 버린 사람들, 그리스도에 대해 한 번도 들어 본 적이 없거나 심지어 그리스도를 오해해서 받아들이려 하지 않는 사람들이 아니라 실제로 이해하고 실제로 믿었지만 게으름이나 시대 풍조의 영향으로, 혹은 다른 어떤 혼란이 일어나서 기독교 신앙의 표준에 미치지 못하는 사고방식으로 이끌려 간 사람들에 대해서 말하고 있다. 이 사람들은, 신앙의 변화는 그 경위가 어떻든 부득이 비난을 면제받는다는 이 시대의 기이한 가설에 대한 하나의 경고다. 하지만 이 문제는 나의 당면한 관심사가 아니다. 내가 '아타나시우스의 (이른바) 신조'를 언급한 것은 허깨비일 수도 있는 독자들의 이해 방식에서 벗어나 참 아타나시우스를 그에 합당한 자리에 두기 위해서일 뿐이다. 아타나시우스의 묘비에는 "아타나시우스 콘트라 문둠"(*Athanasius contra mundum*), 즉 "세상에 맞선 아타나시우스"라는 묘비명이 새겨져 있다. 우리는 우리 나라가 세상에 대항한 것이 한두 번이 아님을 자랑스러워한다. 아타나시우스도 세상에 대항했다. 그는 문명 세계 전체가 기독교 신앙에서 벗어나 슬그머니 아리우스파로 미끄러져 들어가는 것처럼 보일 때에도 '완전무결한' 삼위일체 교리를 지지했다. 아리우스파는 오늘날 그토록 강하게 호감을 사는 이른바 '분별 있는' 종합적 종파 중 하나로, 지금과 마찬가지로 그 당시에도 아리우스파의 열성적 신봉자들 중에는 아주 세련된 성직자가 많았다. 시대의 추세와 함께 요동하지 않았다는 것이 아타나시우스의 훌륭함이고, 늘 그렇듯 시대적 추세가 시간과 함께 다 지나가 버린 지금까지 아타나시우스는 남아 있다는 것이 그가 받은 상급이다.

    아타나시우스의 「말씀의 성육신에 관하여」(*De Incarnatione*)

를 처음 펼쳐 들었을 때, 아주 간단한 테스트만으로도 지금 내가 걸작을 읽고 있다는 것을 곧 알아차렸다. 나는 헬라어라고는 신약 성경 헬라어만 조금 알 뿐이어서 이 책을 읽는 게 어려울 거라고 예상했다. 그런데 놀랍게도 이 책은 거의 크세노폰(Xenophon)의 글만큼 쉬웠다. 그리고 대가(大家)급의 지성만이 4세기에 이런 고전적 단순성으로 이런 주제에 관해 이토록 깊이 있는 글을 쓸 수 있다는 것 또한 깨달았다. 페이지를 넘길 때마다 이런 인상이 더 확실해졌다. 아타나시우스처럼 그리스도의 기적에 접근하는 태도가 오늘날 매우 필요하다. 이는 기적이란 "자연 법칙을 제멋대로 무의미하게 거스르는 것"이라고 하며 기적에 반감을 품는 사람들에게 주는 최종적 답변이기 때문이다. 아타나시우스의 이 책이 말하는 기적은, 자연이 난해한 흘림체 글씨로 써 내려가는 메시지를, 우리가 알아보기 쉬운 대문자 글씨로 다시 써 보여 준다. 이는 죽기를 바라셨을 때 "타인에게서 죽음을 빌려와야" 했을 만큼 생명으로 충만하셨던 분에게 기대할 만한 바로 그런 일이다. 실제로 이 책은 전체가 생명나무 그림이다. 활력과 확신이 가득한, 기운 넘치고 빛나는 책이다. 오늘날 우리가 이 책에 담긴 확신을 다 우리 것으로 삼을 수는 없다는 것을 인정한다. 이 책에서 "그리스도인의 삶의 그 고귀한 덕목, 쾌활하다 못해 거의 상대를 조소하는 듯한 그리스도인의 순교의 용기를 보라. 그것이 바로 우리가 믿는 교리가 참이라는 증거다"라며 아타나시우스가 당연시하는 그런 확신을 가지고 말할 수도 없다. 하지만 이것을 누구 탓으로 돌릴 수 있다 하든, 아타나시우스 탓은 아니다.

    이 책을 (영어로) 번역한 이는 기독교에서 쓰는 헬라어를 나보다 훨씬 잘 아는 사람이기에 나는 이 번역을 칭찬할 처지가 못 된다. 하지만 내가 보기에 이 역본은 영역본의 전통을 잇는 책이다. 고대 언어를 현대어로 옮겨 놓은 책에서는 흔히 무미건조함이 느껴지기 마련인데, 내가 생각하기에 이 책에서는 그런 특성을 전혀 볼 수 없다. 이는 영어를 쓰는 독자라면 거의 알아차릴 수 있을 것이다. 이 영역본을 원전과 대조해 보면, 예를 들어 첫 페이지에서부터 등장하는 "되게 아는 체하는 이 자들"(these wiseacres) 같은 표현을 쓸 수 있기 위해서는 얼마나 많은 기지(奇智)와 재능이 전제되어야 하는지 판단할 수 있을 것이다.

_C. S. 루이스

1장
창조와 타락

#1

앞서의 책*에서 우리는 이교도의 우상 숭배에 관해 몇 가지 주된 사항을 아주 충분히 다루었고, 그 그릇된 두려움이 원래 어떻게 해서 생겨났는지도 알아보았다. 또한 하나님의 은혜로 아버지의 말씀(Word of the Father)은 그분 자체가 신(神)이시고, 세상에 존재하는 만물은 그분의 뜻과 권세 덕분에 존재하는 것이며, 그분을 통해 아버지께서 피조물에 질서를 부여하시고 그분에 의해 만물이 움직이며 그분을 통해 만물이 존재하게 된다는 사실을 간단히 진술했다. 그리스도를 참으로 사랑하는 자, 마

---

* 즉,「이교도 반박」(*Contra Gentes*).

카리우스(Macarius: 아타나시우스의 다정하고 친절한 강설을 듣고 갓 회심한 사람으로, 아타나시우스와 동년배의 청년으로 짐작된다_영역자 주)여, 이제 우리의 거룩한 신앙 체계에 따른 믿음으로 한 걸음 더 나아가, 말씀이 인간이 된 일과 그분이 우리 가운데 신적으로 나타나신 일에 대해 생각해 보아야 한다. 유대인들은 비웃고 헬라인들은 조롱하지만 우리는 찬미하는 그 신비를 말이다. 인간이 되심으로 그분이 그토록 별 가치 없는 분으로 보일수록 말씀에 대한 그대 자신의 사랑과 헌신은 오히려 커질 것이다. 불신자들이 그분에게 멸시를 쏟아 부을수록 그분은 자신의 신성을 그만큼 더 분명히 드러내시는 것이 사실이기 때문이다. 불신자들이 인간으로서 불가능하다고 규정하는 일들을 그분은 가능한 일로 분명히 보여 주신다. 저들이 부적절하다고 조소하는 일을 그분은 자신의 선함으로써 지극히 적절한 일로 만드신다. 되게 아는 체하는 이 자들이 그건 그저 "인간에게 흔한" 일이라고 비웃는 일을 그분은 자기 고유의 능력으로써 신적인 일로 선언하신다. 십자가에서 이런 식으로 그분은 지극히 비천하고 연약하게 보이는 것으로써 우상의 허세와 자랑을 뒤집어엎고, 조롱하는 자들과 불신자들을 조용하고도 은밀히 설득해 자신을 하나님으로 알아보게 만드신다.

이제 이 일들을 논할 때에는 앞에서 이야기한 내용을 반드시 다시 떠올릴 필요가 있다. 아버지의 말씀, 그토록 크고 높은 그 말씀이 왜 몸으로 나타나시게 되었는지를 이해해야 한다. 그분이 몸을 취하심은 그것이 자신의 본성에 타당하기 때문이 아니다. 전혀 그렇지 않다. 그분은 말씀이시기에 몸 없이 존재하신다. 그분이 인간의 몸을 입고 나타나신 것은 아버지의 사랑과 선함으로 우리 인간을 구원한다는 오로지 그 이유 때문이다. 그래서 천지 창조와 그 창조주 하나님 이야기부터 시작하겠다. 그대가 알아야 할 첫 번째 사실은 바로 이것, 즉 피조물을 새롭게 하는 일은 태초에 피조물을 만드신 분과 동일한 바로 그 말씀(the Word)이 하시는 일이라는 것이다. 그러므로 창조와 구원 사이에는 모순이 없다. 한 아버지께서 동일한 행위자로 하여금 창조와 구원 두 가지 일을 다 하게 하셔서, 태초에 세상을 만드신 바로 그 말씀을 통해 세상의 구원을 이루시니 말이다.

#2

우주를 만드시고 만물을 창조하신 일과 관련해서는 다양한 의견이 있어 왔고, 각 사람마다 자기 취향에 맞는 이론을 제시해 왔다. 예를 들어, 어떤 사람은 만물이 저절로 생겨났다고, 말하자면 만물의 발생은 우연한 일이라고 말한다. 에피쿠로스학파가 그런 사람들이다. 이들은 우주 이면에 어떤 지적 존재가 있다는 것을 아예 부인한다. 이 견해는 이들 자신의 존재를 포함해 모든 경험적 사실과 배치된다. 만물이 어떤 지적 존재의 결과물이 아니라 이런 자동적 방식으로 존재하게 되었다면, 이 만물은 비록 존재하기는 해도 모두 획일적이고 아무 차이도 없었을 것이다. 우주 만물이 다 해나 달이나 혹은 무엇이 되었든 다 똑같은 것이 될 수도 있었고, 인간 몸의 경우 전체가 다 손이나 눈이나 발이 될 수도 있었을 것이다. 그러나 현실에서 해와 달과 지구는 각각 다르고, 인간의 몸에도 발과 손과 머리같이 각각 다른 지체들이 있다. 사물이 이렇게 서로 구별된다는 것은 사물이 자발적으로 발생한 게 아니라 선행하는 원인(Cause)이 있음을 논증한다. 그리고 그 원인으로부터 우리는 만물을 계획하신 분이요, 만드신 분인 하나님을 파악할 수 있다.

또 어떤 이들은 헬라인들 중의 거인(巨人) 플라톤이 표명한 견해를 취한다. 플라톤은 신(神)이 선재(先在)하며 자존하는 물질에서 만물을 만들었다고 말했다. 마치 목수가 이미 존재하는 목재(木材)로만 물건을 만드는 것처럼 말이다. 하지만 이 견해를 취하는 사람은 하나님 자신이 물질의 원인임을 부인하는 것은 하나님에게 한계가 있다고 여기는 것임을 깨닫지 못한다. 목재가 없으면 아무것도 만들지 못한다는 말이 목수에게 확실히 한계를 부여하는 말인 것처럼 말이다. 무언가를 만들 수 있는 하나님의 능력이 다른 어떤 원인, 즉 물질 자체에 의존한다면 하나님을 어떻게 창조주요, 조물주라고 할 수 있겠는가? 이미 존재하는 물질을 가지고 무엇을 만드실 뿐 직접 물질을 존재하게 하시지는 않는다면, 하나님은 창조주가 아니라 장인(匠人)에 지나지 않을 것이다.

다음으로, 영지주의자의 이론이 있는데, 이들은 우리 주 예수 그리스도의 아버지가 아닌 다른 조물주를 스스로 창안해 냈다. 이들은 성경의 명백한 의미 앞에 그냥 눈을 감아 버린다. 예를 들어, 주님은 "사람을 지으신 이가 본래 그들을 남자와 여자로 지으[셨다]"(마 19:4)는 창세기의 진술을 유대인들에게 상기시키고, 그런 이유로 남자는 자기 부모를 떠나 아내에게 합하여야 한다고 말씀하신 후, 계속해서 창조주와 관련해 "그러므로 하나님이 짝지어 주신 것을 사람이 나누지 못할지니라"(마 19:6)라고 말씀하신다. 이런 말씀을 읽고 어떻게 아버지와 상관없는 피조물을 생각해 낼 수 있다는 말인가? 또한 요한은 이 모든 사실을 포괄해서 이렇게 말한다. "만물이 그로 말미암아 지은 바 되었으니 지은 것이 하나도 그가 없이는 된 것이 없느니라"(요 1:3). 그런데 어떻게 그리스도의 아버지 아닌 다른 어떤 존재가 조물주일 수 있다는 것인가?

#3

인간은 이런 개념들을 만들어 냈다. 하지만 기독교 신앙의 거룩한 가르침은 이 어리석은 공론이 불경하다고 명백히 선언한다. 이 사실에서 우리가 알 수 있는 것은, 우주의 이면에 지성적 존재가 있기에 우주는 저절로 생기지 않았다는 것이다. 하나님은 유한하시지 않고 무한하시기에, 세상은 선재하는 물질로 만들어진 게 아니라, 무(無)에서, 절대적이고 완전한 비(非)존재에서부터 하나님의 말씀을 통해 존재하게 되었다. 하나님은 창세기에서 그렇게 말씀하신다. "태초에 하나님이 천지를 창조하시니라"(창 1:1). 그리고 매우 유익한 책 「목자」(원제는 「헤르마스의 목자」[The Shepherds of Hermas]. 2세기 전반의 기독교 문헌으로 이레나이우스 같은 초기 교부는 이 책을 정경으로 여기기도 했다_옮긴이)를 통해서는 "무엇보다 먼저 만물을 창조하시고 질서 있게 하시며 만물을 비존재에서 존재 상태로 만드신 하나님을 믿으라"고* 하신다. 바울도 "믿음으로 모든 세계가 하나님의 말씀으로 지어진 줄을 우리가 아나니 보이는 것은 나타난 것으로 말미암아 된 것이 아니니라"(히 11:3)고 같은 사실을 지적한다. 하나님은 선하시기에, 아니 그보다 하나님은 모든 선의 근원이시기에, 선하신 분

---

* 「헤르마스의 목자」, 2권 1부.

이 무언가에 대해서든 치졸하게나 인색하게 행동하기는 불가능하다. 그래서 하나님은 그 무엇에 대해서든 존재 부여하기를 아끼지 않으셨으며, 자신의 말씀이신 우리 주 예수 그리스도를 통해 무에서 만물을 만드셨다. 또한 땅에 있는 이 모든 피조물 중에서도 하나님은 인간을 위해 특별한 자비를 따로 예비해 두셨다. 그래서 이들에게, 본질상 영원하지 않은, 동물로서의 인간에게 하나님은 다른 피조물에게는 주시지 않은 은혜를 베푸셨다. 즉, 인간에게 하나님 자신의 형상을 새겨 주셨다. 말씀이신 분 자체의 이성적 성질을 나누어 주셨다. 그리하여 하나님을 반영하게 하셨고 인간 자신이 이성적 존재가 되어, 하나님이 하시듯 하나님의 지성을 나타내게 하셨다. 그리고 낙원에서 성도가 누리는 복되고 유일하게 참된 생명을 제한적으로나마 오래 지속할 수 있게 하셨다. 하지만 인간의 의지가 어느 쪽으로든 요동할 수 있기에 하나님은 처음부터 다음 두 가지, 즉 한 법과 일정한 한 장소를 조건으로 내세우심으로써 자신이 주신 이 은혜를 확고히 하셨다. 하나님은 인간을 하나님 소유의 낙원에 살게 하셨고, 단 한 가지만 금하셨다. 은혜를 수호하고 본래의 무죄한 상태, 그 사랑스러움을 유지하면, 슬픔이나 고통이나 염려가 없는 낙원의 삶이 이들 소유가 될 터였고, 그 후에는 천국에서 영원히 썩지 않는 삶이 보장될 터였다. 하지만 길을 잃고 악해져서 타고난 권리인 아름다움을 내팽개치면, 사망이라는 자연법 아래 있게 될 것이고 더는 낙원에서 살지 못하고 낙원 밖에서 죽어 사망과 부패 상태에 머물게 될 터였다. 이것이 바로 "동산 각종 나무의 열매는 네가 임의로 먹되 선악을 알게 하는 나무의 열매는 먹지 말라 네가 먹는 날에는 반드시 죽으리라"(창 2:16, 17)는 하나님의 명령을 선포하면서 성경이 우리에게 말해 주는 내용이다. "네가 반드시 죽으리라"는 말은 죽기만 하는 게 아니라 죽음과 부패 상태에 머물리라는 것이다.

#4

말씀이 인간이 되신 것에 대한 이야기를 시작하면서 왜 인간의 기원을 논하고 있는지 궁금할지도 모르겠다. 인간의 기원이라는 주제가 말씀이 인간이 되신 것과 관련 있는 이유는 다음과 같다. 우리의 비참한 상황 때문에 말씀이 이 땅에 오셔야 했고, 우리의 죄과(罪過)가 우리를 향한 그분의 사랑을 불러 일으켰으며, 그리하여 그분은 서둘러 우리를 도우셔야 했고 우리 가운데 나타나셔야 했다. 그분이 인간의 몸을 취하셔야 했던 원인이 바로 우리였으며, 큰 사랑으로써 인간의 몸으로 태어나 우리에게 나타나신 것은 우리의 구원을 위해서였다. 하나님은 인간을 이렇게(즉, 몸으로 구현되는 영혼으로) 만드셨고, 부패하지 않는 상태로 영원히 거하게 할 생각이셨다. 그런데 인간은 하나님의 의도에서 벗어나 스스로 고안해 낸 악으로 돌아섰고, 그리하여 불가피하게 사망의 법 아래로 들어갔다. 이들은 하나님이 창조하신 상태에 머물지 않고 전적으로 부패하는 과정으로 들어섰으며, 그리하여 사망이 이들을 완전히 지배하게 되었다. 계명을 범했기 때문에 이들은 다시 자연법에 따르는 상태로 돌아갔고, 태초에 무(無)에서부터 존재하게 되었으므로 이제 이들은 타락으로 말미암아 다시 비존재 상태로 돌아가는 길에 서게 되었다. 말씀의 임재와 사랑이 인간을 존재하게 만들었다. 그러므로 하나님을 아는 지식을 잃어버렸을 때 이들은 필연적으로 그 지식과 함께하는 존재도 잃어버렸다. 존재하는 분은 오직 하나님뿐이기에, 악은 비존재이고 선을 부정하는 것이요, 선의 정반대다. 물론 인간은 무(無)에서 만들어졌기에 본래 죽을 수밖에 없는 존재다. 하지만 인간은 존재하시는 분의 형상을 지닌 자이기도 하며, 그래서 그분을 계속 깊이 묵상함으로써 그 형상을 보존하면, 죽을 수밖에 없는 본성은 힘을 잃고, 썩지 않는 상태에 머문다. 그래서 (외경) 지혜서에서는 이렇게 단언한다. "지혜의 법을 지키는 것은 불멸의 보증을 얻는 것"(지혜서 6:18)이다. 그리고 썩지 않으면 이제 인간은 하나님처럼 살 터였으며, 이에 대해 성경은 이렇게 말한다. "내가 말하기를 너희는 신들이며 다 지존자의 아들들이라 하였으나 그러나 너희는 사람처럼 죽으며 고관의 하나같이 넘어지리로다"(시 82:6, 7).

#5

그래서 이것이 바로 인간이 처한 곤경이었다. 하나님은 무에서 인간을 창조하셨을 뿐만 아니라, 말씀(the Word)의 은혜로써 하나님 자신의 생명을 인간에게 은혜로이 부여하셨다. 그런데 마귀의 조언에 따라 영원한 일에 등을 돌리고 썩을 일로 향함으로써 인간은 죽어서 썩어야 하는 상태를 자초하게 되었다. 앞에서 말했다시피, 인간은 본디 썩게 되어 있는 존재였지만, 말씀과의 연합에 따르는 은혜로 자연법칙을 벗어날 수 있게 되었다. 단, 창조될 때 지녔던 무죄함의 아름다움을 유지하는 조건으로 말이다. 말하자면, 말씀이 이들과 함께하여 이들이 자연법칙에 따라 부패하는 것까지 막아 준 것이며, 지혜서에서는 이에 대해 다음과 같이 말한다. "하나님은 인간을 불멸한 것으로 만드셨고 당신의 본성을 본떠서 인간을 만드셨다. 죽음이 이 세상에 들어온 것은 악마의 시기 때문이니 악마에게 편드는 자들이 죽음을 맛볼 것이다"(지혜서 2:23, 24). 이 일이 발생했을 때 인간은 죽기 시작했고, 부패가 인간들 중에 만연하여 자연스러운 수준 이상으로 인간을 쥐고 흔들었다. 왜냐하면 이것이 바로 계명을 범하는 것에 대해 하나님이 인간에게 미리 경고하신 형벌이었기 때문이다. 실로 인간의 범죄는 모든 한계를 뛰어넘었다. 애초에 악을 창안해 냈고 그렇게 사망과 부패에 스스로 뛰어든 인간의 상태는 갈수록 태산이었다. 이들은 어느 한 가지 악에 그치지 않고, 물릴 줄 모르는 욕망으로 계속 새로운 종류의 죄를 고안해 냈다. 간음과 도적질이 사방에 만연했고, 살인과 약탈이 온 땅에 가득했으며, 법이 무시되어 부패와 부정이 자행되었고, 단독으로든 집단으로든 온갖 불의가 만인에 의해 저질러졌다. 도시와 도시가 전쟁을 벌였고, 나라가 나라에 반기를 들었고, 온 땅이 분쟁과 싸움으로 갈가리 찢겼으며, 사람들은 경쟁이라도 하듯 서로 더 큰 악을 저지르려고 애썼다. 자연의 질서에 반하는 범죄도 헤아릴 수 없이 많았으니, 순교자이자 그리스도의 사도인 바울은 이렇게 말한다. "그들의 여자들도 순리대로 쓸 것을 바꾸어 역리로 쓰며 그와 같이 남자들도 순리대로 여자 쓰기를 버리고 서로 향하여 음욕이 불일듯 하매 남자가 남자와 더불어 부끄러운 일을 행하여 그들의 그릇됨에 상당한 보응을 그들 자신이 받았느니라"(롬 1:26, 27).

2장
하나님의 딜레마와 그 해법인 성육신 I

#6

앞 장에서 우리는 사망과 부패가 인간을 더 단단히 지배해 가고 있기 때문에 인간이 멸망의 과정에 있었다는 것을 알게 되었다. 인간은 하나님의 형상으로 창조되었고 이성을 소유해서 말씀이신 분 자체를 반영해야 하는 존재였건만, 그런 인간이 사라져 가고, 하나님의 일은 와해되어 갔다. 인간 범죄의 결과인 사망의 법이 우리를 압도했고, 여기서 피할 길은 없었다. 실로 기괴하고 부적절한 일이 벌어지고 있었다. 물론 하나님이 자신의 말씀을 취소해서서 인간이 범죄하고도 죽지 않는다는 것은 생각할 수도 없는 일일 터였다. 하지만 한때 말씀이신 분의 본성을 공유했던 존재들이 죽어서 부패해 다시 비존재로 돌아간다는 것 역시 기괴하기는 마찬가지였다. 마귀가 인간에게 저지른 속임수 때문에 하나님이 만드신 피조물이 무(無)로 돌아간다는 것은 하나님의 선함에 어울리지 않았다. 또한 인간을 만드신 데서 볼 수 있는 하나님의 솜씨가 인간 자신의 부주의함에 의해서든, 악한 영들의 속임수를 통해서든, 사라진다는 것도 더할 수 없이 부적절했다. 게다가, 하나님이 말씀이신 분과 똑같이 이성적 존재로 창조하신 피조물이 사실상 멸망해 가고, 그래서 하나님의 그런 고상한 작품이 무너져 엉망이 되었을 때 하나님은 선하신 분으로서 어떻게 하셨어야 할까? 부패와 사망이 계속 인간을 쥐고 흔들게 내버려 두셔야 했을까? 그럴 경우, 애초에 인간을 만든 게 무슨 소용이 있었을까? 창조하신 다음 신경도 안 쓰고 멸망하게 내버려 두실 바에야 차라리 창조하지 않는 게 더 좋았을 것이다. 게다가, 자신의 창조물이 자신의 눈앞에서 멸망해 가는 모습에 그렇게 무관심하다면 이는 하나님의 선함이 아니라 하나님의 한계를 입증하는 것일 테고, 아예 창조하시지 않았을 때에 비해 하나님의 한계를 훨씬 많이 보여 주었을 것이다. 그러므로, 인간이 부패에 휩쓸려 소멸하게 내버려 두신다는 것은 불가능한 일이었으니, 이는 하나님에게 어울리지 않고 합당하지 않았기 때문이다.

#7

하지만, 이것이 사실이기는 해도 이것이 이 모든 일의 전모는 아니다. 앞에서 살펴보았다시피, 진리의 아버지이신 하나님이 우리가 계속 존재할 수 있도록 하기 위해 죽음과 관련해 자신이 하신 말씀을 취소한다는 것은 생각할 수 없는 일이었다. 하나님은 자기 자신을 배신할 수 없으셨다. 그렇다면, 하나님은 어떻게 하셔야 했을까? 범죄한 것을 회개하라고 인간에게 요구하셔야 했을까? 그것이 하나님에게 어울린다고 말할지도 모르겠다. 그리고 더 나아가 범죄로 말미암아 인간이 부패할 수밖에 없는 처지가 되었지만, 회개를 통해 썩지 않는 상태로 다시 돌아갈 수 있다고 주장할지도 모르겠다. 하지만 회개는 하나님의 일관성을 수호하지 못할 터였다. 사망이 인간을 지배하지 않는다 해도 하나님이 자기 말씀에 충실치 않다는 것은 여전한 사실로 남을 터이니 말이다. 게다가 회개가 인간을 자연법칙에서 다시 불러들이지도 못한다. 회개가 하는 일은 인간이 범죄를 그만두게 만드는 것뿐이다. 이것이 단지 하나의 범죄 문제이고 뒤에 이어지는 부패 문제와 상관없는 일이라면 회개만으로 충분했을 것이다. 하지만 일단 범죄가 시작되자 인간은 자연법칙에 따라 부패의 권세 아래로 들어갔으며, 하나님의 형상을 지닌 피조물로서 인간의 소유였던 은혜를 잃었다. 그렇다.

회개는 적합하지 못했다. 그렇다면 우리가 요구하는 그런 은혜와 그 은혜를 회복하기 위해 필요한 것은 무엇, 혹은 누구였는가? 하나님의 말씀 자체이신 분, 또한 태초에 무에서 만물을 만드신 분이 아니면 누구겠는가? 그분이 할 일은 썩는 것을 다시 썩지 않는 것으로 만들기와 이 모든 일에 일관성을 유지하시는 아버지의 성품을 옹호하는 것이었으며, 이 일은 오직 그분만이 하실 수 있는 일이었다. 오직 그분만이 아버지의 말씀이시기에, 다른 무엇보다도 결과적으로 그분만이 만물을 재창조하실 수 있고 아버지 앞에서 모두를 대신해 고난받으시며 모두를 위해 대사(大使)가 되시기에 합당한 분이니 말이다.

#8

그래서 이 목적을 위해, 무형이고 썩지 않으며 비물질적인 하나님의 말씀이 우리 세상으로 들어오셨다. 사실 어떤 의미에서 그분은 전에도 우리 세상에서 멀리 계시지 않았다. 창조 세상의 단 한 부분도 그분 없이 존재한 적이 없으며, 그분은 아버지와 늘 연합하여 계시면서도 또 한편으로는 세상에 존재하는 모든 것을 충만히 채우고 계시기 때문이다. 하지만 이제 그분은 우리에 대한 사랑과 자기 계시로써 우리의 눈높이로 몸을 낮추사, 새로운 방식으로 세상에 들어오셨다. 그분은 이성을 가진 피조물, 그분 자신처럼 아버지의 지성을 나타낸 피조물인 인간이 멸망해 가고, 사망이 부패를 통해 이들 모두를 지배하는 것을 보셨다. 그분은 부패가 우리 모두를 더욱 단단히 틀어쥔 것을 보셨다. 왜냐하면 이것이 범죄에 대한 형벌이었기 때문이다. 또한 그분은 율법이 성취되기도 전에 무효가 되어 버린다면 얼마나 당치 않은 일일지를 아셨다. 자신이 창조한 바로 그것들이 사라져 버리는 게 얼마나 부적절한 일인지 아셨다. 인간의 사악함이 점점 쌓여 인간 자신도 감당 못할 정도가 되는 것을 보셨다. 또한 너나 할 것 없이 모든 인간이 다 죽음의 형벌 아래 있는 것을 보셨다. 그분은 이 모든 것을 보셨고, 우리 인간을 불쌍히 여기셨으며, 우리의 연약함에 대한 동정심에 마음이 움직이셨으며, 사망이 우리를 지배하는 것을 그냥 두고 볼 수가 없으셨다. 그래서 자신의 피조물이 멸망하지 않도록 하고 아버지께서 우리를 위해 하신 일이 무(無)로 돌아가지 않도록 하려고 친히 한 몸을, 우리와 똑같은 인간의 몸을 입으셨다. 그분은 단순히 몸으로 표현되거나 단순히 우리 앞에 나타나려고만 하시지 않았다. 그럴 생각이었다면 그보다 더 나은 다른 어떤 방식으로 자신의 신적 위엄을 계시하실 수도 있었을 것이다. 그런데 그렇게 하시지 않고 그분은 우리와 똑같은 몸을 취하셨다. 뿐만 아니라 인간 아버지의 행위 없이, 흠 없고 점 없는 동정녀에게서 직접 몸을 취하셨으니, 이는 남자와의 교접으로 때 묻지 않은 순전한 몸이었다. 전능자요, 만물의 창조주인 분이 자신을 위한 성전(聖殿)으로서 친히 동정녀 안에 이 몸을 예비하셨고, 이 몸을 자기 것으로 취하셨으며, 이 몸을 도구 삼아 자신을 알리시고 그 안에 거하셨다. 이렇게 우리와 똑같은 몸을 취하신 그분은, 우리 모든 인간의 몸이 사망의 부패라는 형벌 아래 있었기 때문에 자기 몸을 모든 사람 대신 죽음에 넘겨주셨고, 아버지께 자기 몸을 바치셨다. 이는 우리를 위한 순전한 사랑으로 행하신 일이었으며, 그리하여 그분의 죽음 안에서 우리 모두가 죽고, 그럼으로써 사망의 법이 폐지될 수 있게 하셨다. 이는 사망의 법을 위해 정해진 일이 그분의 몸에서 이뤄졌고, 그 후 그 법은 인간에게 효력을 가질 수 없게 되었기 때문이다. 그분이 이렇게 하심은 죽어서 썩을 수밖에 없게 된 인간에게 다시 썩지 않음을 돌려주시기 위해서였고, 몸을 취하여 죽으심을 통해, 그리고 부활의 은혜로써, 인간이 살아 있게 하시기 위해서였다. 이렇게 해서 그분은 지푸라기가 불에 타 완전히 사라지듯 인간에게서 죽음이 사라지게 만드시고자 했다.

#9

말씀께서는 죽음을 통해서가 아니면 부패가 제거될 수 없음을 아셨다. 하지만 죽지 않는 존재이며 성자인 말씀으로서 그분 자신은 죽을 수가 없는 분이었다. 그러므로 이런 이유로, 그분은 죽음이 가능한 몸을 취하셨으니, 이는 이 몸이 만물 위에 계신 말씀께 속함으로써 이 몸의 죽음이 만인을 대신한 죽음이 되기에 충분하게 하며, 몸 자체는 말씀의 내주하심을 통해 썩지 않는 상태로 남아 그 후 부활의 은혜로써 다른 모든 이를 위해 부패를 종식시킬 수 있도록 하기 위해서였다. 아무 흠 없는 제사와 제물로서 취하신 몸을 죽음에 내어 주심으로써 그분은 곧 이와 대등한 제물로 인간 형제들에게서도 죽음을 폐지하셨다. 하나님의 말씀은 만물 위에 계시기에, 자신의 성전, 즉 자신의 몸이라는 도구를 만인의 생명을 대신하는 것으로 바치셨을 때, 자연히 그분은 죽음으로써 모든 요구를 다 성취하셨기 때문이다. 또한 죽지 않으시는 하나님의 아들과 우리 인간의 이 연합을 통해 자연히 모든 인간은 부활의 약속 중에 썩지 않음으로 옷을 입었기 때문이다. 하나의 몸으로써 모든 인간에게 내주하시는 말씀 덕분에, 죽음에 따르는 부패는 이제 모든 인간에게 그 위력을 잃었다. 위대한 왕이 커다란 도성에 들어와 그중 한 집을 거처로 삼을 때의 광경이 어떠한지 알 것이다. 왕이 그 한 집에 거하는 덕분에 도성 전체가 영광을 입으며, 원수와 강도들은 이제 그 성을 괴롭히지 못한다. 만왕의 왕 되신 분의 경우가 바로 그러하다. 그분이 우리 영역으로 오셔서 하나의 몸으로 많은 사람 중에 거하시며, 그 결과 인간을 대적하는 원수의 궤계는 좌절되었고 전에 인간에게 권세를 휘둘렀던 죽음의 부패는 이제 더는 그럴 수 없게 되었다. 만민의 주님이요, 구주이신 하나님의 아들이 우리 가운데 오셔서 죽음을 종식시키지 않았더라면 인간은 완전히 멸망했을 터이니 말이다.

#10

이 엄청난 일은 실로 하나님의 선함에 지극히 어울리는 일이었다. 왕이 도성을 세우면, 도성 거민들의 경솔함 때문에 성이 약탈자들에게 습격을 받는다 해도, 백성의 태만함보다는 왕 자신의 명예를 중시하기에 이 상황을 결코 방치하지 않고, 약탈자들에게 보복하고 도성을 멸망에서 구한다. 그렇다면, 선 자체이신 성부의 말씀께서는 자신이 창조하신 인간에게 무심하지 않음이 얼마나 더하시겠는가. 무심하기는커녕, 자기 몸을 바치심으로써 인간이 자초한 죽음을 폐지하시고, 자신의 가르침으로써 이들의 태만을 바로잡으셨다. 이렇게 자신의 능력으로써 그분은 인간 본성의 모든 면을 회복시키셨다. 구주께서 직접 영감을 주신 제자들이 이 사실을 우리에게 확신시킨다. "그리스도의 사랑이 우리를 강권하시는도다 우리가 생각하건대 한 사람이 모든 사람을 대신하여 죽었은즉 모든 사람이 죽은 것이라 그가 모든 사람을 대신하여 죽으심은 살아 있는 자들로 하여금 다시는 그들 자신을 위하여 살지 않고 오직 그들을 대신하여 죽었다가 다시 살아나신 이를 위하여 살게 하려 함이라"(고후 5:14, 15). 또 한 사람은 이렇게 말한다. "오직 우리가 천사들보다 잠시 동안 못하게 하심을 입은 자 곧 죽음의 고난받으심으로 말미암아 영광과 존귀로 관을 쓰신 예수를 보니 이를 행하심은 하나님의 은혜로 말미암아 모든 사람을 위하여 죽음을 맛보려 하심이라"(히 2:9). 이어서 이 사람은 왜 다른 누구도 아니고 말씀이신 하나님이 인간이 되셔야 했는지 그 이유를 지적한다. "그러므로 만물이 그를 위하고 또한 그로 말미암은 이가 많은 아들들을 이끌어 영광에 들어가게 하시는 일에 그들의 구원의 창시자를 고난을 통하여 온전하게 하심이 합당하도다"(히 2:10). 이 말은 인간을 썩어짐에서 구출하는 일은 다른 누구도 아니고 오직 태초에 인간을 만드신 분에게만 속한 일이라는 뜻이다. 또한 이 사람은 말씀께서 인간의 몸을 취하심은 자신과 같은 몸을 가진 다른 사람들을 위해 그 몸을 제물로 드리기 위해서였다고 분명히 지적한다. "자녀들은 혈과 육에 속하였으매 그도 또한 같은 모양으로 혈과 육을 함께 지니심은 죽음을 통하여 죽음의 세력을 잡은 자 곧 마귀를 멸하시며 또 죽기를 무서워하므로 한평생 매여 종노릇하는 모든 자들을 놓아 주려 하심이니"(히 2:14, 15). 자기 몸을 제물로 바치심으로써 그분은 두 가지 일을 하셨다. 우리 길을 가로막는 사망의 법을 종식시키셨고, 우리에게 부활의 소망을 주심으로써 새로운 삶을 시작하게 하셨다. 사람을 통해 사망은 사람에게 권세를 갖게 되었으나, 사람이 되신 말씀에 의해 사망은 멸망하고 생명이 새로 일어났다. 그것이 바로 그리스도의 참된 종 바울이 하는 말이다. "사망이 한 사람으로 말미암았으니 죽은 자의 부활도 한 사람으로 말미암는도다 아담 안에서 모든 사람이 죽은 것같이 그리스도 안에서 모든 사람이 삶을 얻으리라"(고전 15:21, 22). 그러므로, 죽을 때 우리는 이제 죽음으로 정죄받는 사람들처럼 죽지 않고, 지금 이 순간에도 부활의 과정 중에 있는 사람들처럼 모든 사람의 부활을 기다리며, "기약이 이르면 하나님이 그의 나타나심을 보이시리니"(딤전 6:15) 이 부활을 이루시고 우리에게 주신 하나님까지도 보여 주실 것이다.

그러므로 이것이 바로 구주께서 인간이 되신 첫 번째 이유다. 하지만 그분이 우리 중에 은혜롭게 임재하심이 얼마나 전적으로 합당한지를 보여 주는 또 다른 이유들이 있다. 이제 그것에 대해서도 계속 살펴볼 것이다.

3장
하나님의 딜레마와 그 해법인 성육신 II

#11

전능자 하나님이 자신의 말씀을 통해 인간을 만드실 때, 인간과 달리 하나님은 비물질적인 분, 누군가에게 창조되지 않고 자존하시는 분이기에 인간이 본성의 한계 때문에 자신들을 만드신 분에 관해 스스로는 그 어떤 지식도 가질 수 없다는 것을 파악하셨다. 이에 하나님은 이들을 가엾이 여기셨고, 하나님을 아는 지식이 없는 상태로 버려두지 않으셨다. 인간의 존재가 아무 목적도 없는 것으로 드러나서는 안 될 터이니 말이다. 자기를 지으신 분을 알지 못한다면 피조물의 존재가 무슨 소용이겠는가? 성부의 말씀이자 이성인 분을 통해 자신들이 존재를 부여받았는데 그분에 대해 아무 지식이 없다면 인간을 어떻게 이성을 지닌 존재라고 할 수 있겠는가? 인간이 땅의 일들에 대한 지식 외에 아무 지식도 없다면 짐승보다 나을 게 없을 것이다. 게다가 하나님을 알게 하실 생각이 아니었다면 하나님이 애초에 인간을 왜 만드셨겠는가? 그리고 실제로, 선하신 하나님은 우리 주 예수 그리스도 안에서 인간에게 자신의 형상을 나누어 주셨고, 심지어 인간 자체를 바로 그 형상과 모양을 따라 만드셨다. 왜일까? 인간 안에 있는 하나님의 형상이라는 이 선물을 통해서 인간이 절대 형상(Image Absolute), 즉 성부의 말씀(로고스)을 인식할 수 있도록 하며, 그분을 통해 성부를 알게 하기 위해서다. 자신의 창조주를 아는 지식이 있어야만 인간은 정말로 행복하고 복된 삶을 살 수 있다.

하지만 이미 살펴보았다시피 인간은 어리석어서, 자신들이 받은 은혜에 대해서는 거의 생각하지 않고 하나님에게 등을 돌렸다. 이들은 하나님에 대한 이해를 상실했을 뿐만 아니라 스스로 갖가지 다른 신을 만들어 낼 정도로 자신들의 영혼을 완전히 더럽혔다. 이들은 진리 대신 스스로 우상을 만들어 냈고 존재하시는 하나님보다는 존재하지 않는 것들을 숭배했으니, 이에 대해 바울은 이들이 "피조물을 조물주보다 더 경배[했다]"(롬 1:25)고 말한다. 게다가 더 심각한 것은, 이들이 하나님에게만 돌려야 할 존귀를 나무나 돌 같은 물질, 그리고 사람에게 돌렸다는 것이다. 그리고 앞서의 책에서 말한 것처럼 이들은 거기에서도 더 나아갔다. 실로, 이들은 자신의 정욕을 충족시키려고 악한 영들을 신으로 경배할 정도로 불경건했다. 이들은 이런 신들이 당연히 요구하는 대로, 짐승으로 제사를 지내고 사람을 제물로 바쳤으며, 그렇게 함으로써 점점 그 신들의 광포한 지배에 예속되어 갔다. 사람들은 마술을 가르치고 배웠으며, 여기저기서 벌어지는 신탁 행위가 사람들을 길 잃게 만들었고, 인간의 삶에서 벌어지는 모든 일의 원인을 별에서 찾았다. 눈으로 볼 수 있는 것 외에는 세상에 그 무엇도 존재하지 않는 것처럼 말이다. 한마디로, 사방이 불경과 불법 천지였고, 하나님도 하나님의 말씀도 알지 못했다. 하지만 하나님이 인간에게 보이지 않도록 모습을 숨기신 것은 아니며 하나님을 아는 지식을 오직 한 가지 방법으로만 주신 것도 아니었다. 오히려 하나님은 여러 형태와 방식으로 이 지식을 펼쳐 보이셨다.

#12

보다시피 하나님은 인간의 한계를 아셨다. 하나님의 형상을 지닌 존재로 창조된 은혜를 통해서 인간은 하나님이신 말씀에 대한 지식 및 그 말씀을 통해 성부를 아는 지식을 갖기에 충분했지만, 이 은혜를 소홀히 여기는 것을 막는 안전장치로서 하나님은 인간에게 자신의 창조물 또한 창조주를 알 수 있는 수단으로 제공하셨다. 게다가 이것이 다가 아니었다. 인간이 자신에게 내주하는 은혜를 소홀히 여기는 태도는 자꾸 강화되는 경향이 있다. 이런 연약함에 대해서도 하나님은 율법을 주시고 인간들이 아는 사람을 선지자들로 보내시는 방식으로 대비책을 마련하셨다. 그래서, 만약 하늘을 바라보기를 더디 한다 해도 이들은 바로 가까이에 있는 그 사람들을 보면서 창조주에 대한 지식을 얻을 수 있었다. 인간은 다른 인간을 보면서 위에 있는 일들에 관해 직접적으로 배울 수 있기 때문이다. 이렇게 세 가지 방식이 인간 앞에 펼쳐졌으니, 이로써 인간은 하나님을 아는 지식을 얻을 수 있었다. 이들은 하늘의 광대함을 올려다보며 창조 세계의 조화(調和)를 깊이 묵상함으로써 그 세계를 다스리는 분, 성부의 말씀을 알 수 있었으니, 만물을 다스리는 이분의 섭리가 성부를 만인에게 알리신다. 만약 이마저도 벅찰 경우, 이들은 거룩한 사람들과 대화를 나누며 이들을 통해 하나님, 만물의 창조자, 그리스도의 아버지를 알 수 있었고, 우상을 경배하는 것은 진리를 부인하는 행위요, 더할 수 없는 불경건으로 가득한 행위임을 인식할 수 있었다. 이것도 아닐 경우, 세 번째로 인간은 단지 율법을 아는 것만으로도 미온적 태도에서 벗어나 선한 삶을 영위할 수 있었다. 율법이 유대인만을 위해 주어진 것은 아니고, 하나님이 오로지 유대인만을 위해 선지자를 보내신 것은 아니기 때문이다. 비록 유대인에게 선지자들이 보냄받았고 유대인의 손에 선지자들이 박해받기는 했지만 말이다. 율법과 선지자는 온 세상이 하나님을 아는 지식을 배우고 경건한 삶의 행실을 배우는 거룩한 학교였다. 하나님의 선함과 사랑이 실로 이렇게 컸다. 하지만 인간은 순간의 즐거움 및 악한 영들의 거짓말과 망상 앞에 무릎을 꿇은 채, 고개를 들어 진리를 바라보지 않았다. 자신들의 악함에 무겁게 짓눌려 있었기에 이들은 말씀의 바로 그 형상을 반영하는 이성적 인간으로 보이기보다는 이성 없는 짐승으로 보였다.

#13

인간이 이렇게 짐승과 다를 바 없이 되고, 악한 영들의 간계에 의해 하나님을 아는 지식이 곳곳에서 자취를 감추는 광경 앞에서 하나님은 어떻게 하셔야 했을까? 그토록 엄청난 악 앞에서 침묵을 지키면서 인간이 그렇게 악한 영들에게 속아 하나님에 대해 계속 무지한 상태에 있게 놔두셔야 했을까? 그렇다면 처음에 하나님의 형상으로 인간을 지으신 게 무슨 소용이었을까?

말씀(the Word)의 성질(nature)을 나눠 받고는 그렇게 짐승 같은 상태로 돌아가느니 아예 처음부터 쭉 그 상태였더라면 더 좋았을 것이다. 다시 말해, 상황이 그와 같다면 인간이 하나님을 아는 지식을 소유했던 것이 무슨 소용인가? 그 지식을 받을 만한 자격이 없다는 것이 나중에 밝혀지느니 하나님이 아예 그 지식을 주시지 않았더라면 더 좋았을 것이다. 마찬가지로, 인간을 창조해 놓았는데 이들이 하나님을 경배하지 않고 하나님이 아닌 다른 것을 자신의 창조주로 여긴다면, 인간을 만드신 것이 하나님 자신에게 무슨 이득이었겠는가? 결국 하나님이 자신을 위해서가 아니라 다른 누군가를 위해 인간을 만드신 셈이 되고 말 것이다. 한낱 인간에 불과한 이 세상 왕도 자신이 개척한 땅을 다른 이의 손에 넘긴다거나 다른 통치자에게 유기하지 않는다. 편지를 보내거나 친구를 보내서, 심지어 직접 그 땅을 찾아가서 그곳 사람들에게 충성심을 상기시키지, 자신이 기껏 이룬 일이 실패로 돌아가게 버려두지는 않는다. 이 세상 왕도 그럴진대 하물며 하나님은 자신의 피조물인 인간이 자신에게서 멀어져 길을 잃은 채, 존재하지도 않는 것들을 섬기는 일이 없도록 얼마나 오래 참으시고 수고하시겠는가. 왜냐하면 인간의 그런 잘못은 이들에게 완전한 파멸을 뜻하기 때문이며, 게다가 일단 하나님의 형상을 나눠 받은 자들이 멸망에 이른다는 것은 합당하지 않기 때문이다.

그렇다면 하나님은 어떻게 하셔야 했는가? 하나님으로서 인간 안에 있는 자신의 형상을 새롭게 하시고, 그리하여 이를 통해 인간이 다시 한 번 하나님을 알게 하는 것 말고 달리 하실 수 있는 일이 무엇이었겠는가? 그리고 우리 구주 예수 그리스도가 세상으로 오시는 방법이 아니면 그 일이 어떻게 이뤄질 수 있었겠는가? 인간은 그 일을 할 수 없었으니, 인간은 그저 그 형상을 좇아 지어졌을 뿐이기 때문이다. 또한 천사들도 그 일을 할 수 없었으니, 천사들은 하나님의 형상이 아니기 때문이다. 하나님의 말씀이신 분이 자신의 위격으로 친히 오셨으니, 자신의 형상을 좇아 인간을 재창조하실 수 있는 분은 오직 그분, 아버지의 형상(Image of the Father)뿐이기 때문이다.

하지만 이 재창조를 이루기 위해 하나님은 먼저 사망과 부패를 제거하셔야 했다. 그래서 그분은 인간의 몸을 취하셨으니, 그 몸 안에서 사망이 최종적으로 소멸되도록 하기 위해서였고, 그리하여 인간이 그분의 형상을 좇아 새로워지도록 하기 위해서였다. 이 필요를 충족시킬 수 있는 것은 아버지의 형상뿐이었다. 다음의 예가 이 사실을 입증한다.

#14

화판에 그려진 초상화가 얼룩 때문에 지워지면 어떻게 되는지 알 것이다. 화가는 화판을 집어 던지지 않는다. 그림의 주인공이 다시 와서 화가 앞에 앉아 주어야 하며, 그러면 같은 화판 위에 초상화가 다시 그려진다. 더할 수 없이 거룩하신 하나님의 아들께서도 그렇게 하셨다. 아버지의 형상이신 그분이 우리 가운데 오셔서 거하셨으니, 이는 자신의 형상을 좇아 지어진 인간을 새롭게 하시며, 복음서에서 말씀하시는 것처럼, 잃어버린 양을 찾아내기 위해서였다. "인자가 온 것은 잃어버린 자를 찾아 구원하려 함이니라"(눅 19:10). 또한 이는 그분이 유대인들에게 하신 말씀을 설명해 주기도 한다. "사람이 거듭나지 아니하면……"(요 3:3). 그분은 유대인들이 생각한 것처럼 사람이 어머니에게서 태어나는 자연적 출생을 말씀하신 게 아니라, 사람의 영혼이 하나님의 형상으로 다시 태어나고 다시 창조되는 것을 말씀하신 것이다.

말씀(the Word)이 하실 수 있는 일은 이뿐만이 아니었다. 우상 숭배와 불경건의 광기가 세상에 가득하고 하나님을 아는 지식이 숨겨졌을 때, 아버지에 관해 세상 사람들을 가르치는 일은 누구의 역할이었는가? 인간의 역할이었다고 말하겠는가? 하지만 인간은 온 세상을 다 다닐 수 없고, 설령 다녔다 하더라도 인간의 말은 그런 가르침의 무게를 족히 감당하지 못했을 것이며, 혼자 힘으로 악한 영들을 상대할 수도 없었을 것이다. 게다가, 인간 중 가장 훌륭한 사람일지라도 악에 의해 혼란스러워 하고 눈이 머는데, 그런 인간이 어떻게 다른 사람의 마음과 생각을 바꿔 놓을 수 있겠는가? 나 자신이 바른 길에서 벗어나 있으면 다른 사람의 방향을 바로잡아 줄 수 없다. 그렇다면 창조 세상이 아버지에 관해 인간에게 충분히 가르쳐 줄 수 있지 않느냐고 말할지도 모르겠다. 그러나 창조 세상이 아버지에 관해 충분히 가르쳐 주었다면, 그런 큰 악은 발생하지도 않았을 것이다. 창조 세상은 늘 거기 존재했지만, 인간이 오류에 빠져 뒹구는 것을 막아 주지 못했다. 인간 안에 있는 모든 것, 즉 '영혼과 마음'을 보시고 창조 세상의 만물을 움직이시는 분은 이번에도 하나님이신 말씀이셨으며, 그분만이 이 상황의 모든 요구를 충족시킬 수 있었다. 그분은 자신의 섭리 및 우주를 질서 있게 하시는 일로써 아버지를 계시하는 분이기에, 동일한 이 가르침을 새롭게 하는 것도 그분이 하실 일이었다. 하지만 그분은 어떤 식으로 이 일을 하셔야 했는가? 전과 같은 방식으로, 즉 창조물들을 통해서 하면 된다고 말할지도 모르겠다. 하지만 그 방법은 불충분한 것으로 입증되었다. 전에 인간은 하늘에 관해 묵상하기를 소홀히 했으며, 지금은 하늘과 정반대

방향을 바라보고 있다. 그러므로 그분은 인간으로 거하시면서 아주 자연스럽고 적당하게 인간을 이롭게 하기를 바라서، 다른 사람들과 똑같은 한 몸을 친히 취하셨다. 그리고 인간의 수준에서 행하시는 듯 그 몸으로 이루신 행위를 통해, 다른 방식으로는 하나님의 말씀이신 그분을 알려 하지 않고 그분을 통해 아버지를 알려고도 하지 않는 사람들을 가르치신다.

#15

그분은 훌륭한 교사가 학생들을 대하듯, 사람들의 수준으로 자신을 낮추고 단순한 수단을 사용해 이들을 가르치신다. 그래서 바울은 이렇게 말한다. "하나님의 지혜에 있어서는 이 세상이 자기 지혜로 하나님을 알지 못하므로 하나님께서 전도의 미련한 것으로 믿는 자들을 구원하시기를 기뻐하셨도다"(고전 1:21). 인간은 위에 계신 하나님을 깊이 생각하는 일에 등을 돌렸고, 정반대 방향인 피조물 가운데서, 오감으로 인지할 수 있는 것들 중에서 하나님을 찾고 있었다. 인간을 사랑하시는 분이자 만인 공통의 구주이신, 하나님의 말씀께서는 큰 사랑으로 친히 한 몸을 취하셔서 인간들 사이에서 인간으로 움직이시면서, 말하자면 어느 정도 이들이 오감으로 인지할 수 있는 분이 되어 주셨다. 그분 자신이 감각의 대상이 되셨으며, 그리하여 오감으로 인지할 수 있는 것들에서 하나님을 찾는 이들로 하여금 하나님의 말씀이신 그분이 인간의 몸을 가지고 하신 일을 통해 진리이신 아버지를 추론하여 알 수 있게 하셨다. 이들은 인간이었고 모든 것을 인간의 관점에서 생각했으며, 그러므로 오감으로 지각되는 세상의 어느 쪽을 바라보든 이들은 자신들이 진리를 가르침받는다는 것을 깨달았다. 이들은 피조물을 보며 경외감에 사로잡혔는가? 그러나 이들은 피조물이 그리스도를 주님으로 고백하는 것을 보았다. 이들의 마음은 인간을 하나님으로 여기는 경향이 있었는가? 그러나 구주 사역의 독특성 때문에 그분은 인간 중에서 홀로 하나님의 아들로 드러나셨다. 이들은 악한 영들에게 마음이 끌렸는가? 그러나 이들은 악한 영들이 주님에게 쫓겨난 것을 보았고, 하나님의 말씀이신 분만이 하나님이며 악한 영들은 전혀 신이 아니라는 것을 깨우쳤다. 이들은 영웅 숭배와 죽은 자 예찬 관행에 마음이 끌렸는가? 그러나 구주께서 사망에서 일어나셨다는 사실은 이런 다른 신들이 얼마나 그릇되었는지를, 아버지의 말씀만이 참 주님이요, 심지어 사망 위에도 군림하는 주님이라는 것을 이들에게 보여주었다. 이런 이유에서 그분은 인간으로 태어나셨고 인간으로 나타나셨으며, 이를 위해 죽었다가 다시 살아나셨으니, 이는 자신이 하신 일로 다른 모든 신의 행위를 무색하게 함으로써 모든 잘못된 길에서 인간을 불러들여 아버지를 알게 하시기 위해서였다. 그분이 친히 말씀하시다시피, "인자가 온 것은 잃어버린 자를 찾아 구원하려 함"(눅 19:10)이었다.

#16

그래서 인간의 사고력이 결국 오감으로 인지할 수 있는 일들만 생각하는 수준으로 하락했을 때, 말씀께서는 한 몸을 입고 나타나는 것을 감수하셨으니, 이는 인간으로서 그분이 사람들의 지각을 자신에게 집중시키고, 인간으로서 행한 일들을 통해 자신은 인간일 뿐만 아니라 하나님이요, 참되신 하나님의 말씀이자 지혜라는 사실을 사람들에게 확신시키기 위해서였다. 이것이 바로 바울이 우리에게 말하고자 하는 내용이다. "너희가 사랑 가운데서 뿌리가 박히고 터가 굳어져서 능히 모든 성도와 함께 지식에 넘치는 그리스도의 사랑을 알고 그 너비와 길이와 높이와 깊이가 어떠함을 깨달아 하나님의 모든 충만하신 것으로 너희에게 충만하게 하시기를 구하노라"(엡 3:17-19). 말씀의 자기 계시(self-revealing)는 모든 차원에서 볼 수 있다. 위로는 그분의 창조 행위에서 볼 수 있고, 아래로는 성육신에서 볼 수 있으며, 깊은 곳으로는 음부(陰府)에서 볼 수 있고, 넓은 곳으로는 온 세상에서 볼 수 있다. 만물이 하나님을 아는 지식으로 충만하다.

이런 이유로 그분은 이 땅에 오시자마자 모든 사람을 대신해 희생 제사를 드리지 않았다. 만약 이 땅에 오신 즉시 자기 몸을 죽음에 내어 주고 다시 살아나셨다면, 그분은 더는 우리 지각(知覺)의 대상이 되지 못하셨을 것이다. 그래서 그분은 그렇게 하지 않고, 몸 안에 머물며 사람들의 눈에 보이게 하시면서, 자신이 인간일 뿐만 아니라 하나님의 말씀이기도 함을 보여 주는 행위를 하시고 표적을 보여 주셨다. 이렇게 구주께서 인간이 되심으로써 우리를 위해 해주신 일에는 두 가지가 있다. 첫째, 우리에게서 죽음을 몰아내고 우리를 새롭게 하셨다. 둘째, 그분 자신은 우리 눈에 보이지 않고 우리가 지각할 수 없는 분이지만, 자신이 하신 일을 통해 우리 눈에 보이는 분이 되셨고 아버지의 말씀이요, 온 우주를 다스리는 분이며 왕으로서 자신을 계시하셨다.

#17

우리가 이제 검토해 보아야 할 이 마지막 문장에는 역설이 담겨 있다. 말씀께서는 자기 몸에 속박되지 않으셨고, 몸 안에 임재해 계신다고 해서 몸 아닌 다른 곳의 임재가 가로막히지도 않았다. 몸을 쓰시는 동안 생각과 능력으로 우주를 명하시는 일이 중단되지도 않았다. 전혀 그렇지 않았다. 믿기 어려운 진리는, 그 자신은 어떤 것에 의해서도 품길 수 없는 말씀이신 그분이 스스로는 사실상 만물을 다 품으셨다는 것이다. 피조 세계에서 그분은 어디에나 존재하시지만, 그러면서도 그 세상과 구별되어 존재하신다. 만물을 질서 있게 하시고, 명하시고, 만물에게 생명을 주시고, 만물을 품으시지만, 그러면서도 그분 자신은 그 무엇에도 품기지 않으시고 오직 아버지 안에만 존재하신다. 전체에 대해서도 그러하시듯, 부분에 대해서도 그러하시다. 인간의 몸 안에 존재하시면서 그 몸에 친히 생명을 주시는 그분은 그러면서도 온 우주에게 생명의 근원이시고, 우주의 모든 부분에 임재하시면서도 전 우주의 외부에 존재하신다. 또한 그분은 자신의 몸으로 하신 일을 통해, 그리고 세상에서 자신의 활동을 통해 계시된다. 사실 몸 밖에 있는 것들을 보는 일은 영혼의 기능이지만, 영혼은 그것들에 활력을 주거나 그것들을 움직이지 못한다. 예를 들어 어떤 사물에 관해 단지 생각하는 것으로써는 그 사물을 한 장소에서 다른 장소로 옮기지 못한다. 그대도 나도 자기 집에 앉아 해와 별을 바라보기만 하는 것으로써는 해와 별을 움직이지 못한다. 하지만 자신의 인성에 따른 하나님의 말씀의 경우는 그렇지 않다. 그분의 몸은 그분에게 한계가 아니라 하나의 도구였으며, 그래서 그분은 그 몸 안에도 계시고 만물 가운데도 계셨으며, 만물의 외부에 계시면서 아버지 안에만 머무셨다. 경이로운 점은, 그분이 인간으로서 인간의 삶을 사는 동시에, 말씀으로서 우주의 생명을 지탱하고 계셨고, 아들로서 아버지와 계속 함께 거하고 계셨다는 것이다. 그러므로 동정녀에게서 태어났다는 사실도 그분을 어떤 면에서도 달라지게 하지 못했고, 몸 안에 계신다는 것이 그분을 더럽히지도 못했다. 오히려 그분은 몸 안에 계심으로써 그 몸을 성결하게 하셨다. 만물 안에 계신다는 것은 그분이 만물의 본질을 공유한다는 뜻이 아니라, 다만 그분이 만물에게 존재를 부여하시고 만물을 지탱하신다는 뜻이기 때문이다. 해의 광선이 이 땅에 있는 것들과 접촉해도 해는 더럽혀지지 않고 오히려 그것들을 밝게 비추고 정화해 주는 것처럼, 해를 만드신 분은 한 몸 안에서 세상에 알려지신다고 해서 더럽혀지는 게 아니라 오히려 그 몸이 그분의 내주하심 덕분에 정결하게 되고 생기를 갖게 되니, "그는 죄를 범하지 아니하시고 그 입에 거짓도 없으시[다]"(벧전 2:22).

#18

그러므로 이 신성한 주제에 관해 기록한 사람들이 그분이 먹고 마시고 태어났다고 말할 때 이는 한 몸으로서 그분의 몸이 태어나서 그 몸의 본질에 어울리는 음식물로써 자양분을 얻었다는 뜻이다. 말씀이신 하나님은 그 몸과 연합하셨고, 그와 동시에 우주를 질서 있게 다스리시고 인간으로서만이 아니라 하나님으로서 자신의 몸으로 하신 행위를 통해 자신을 계시하셨다. 그 행위들은 그분의 행위라고 말하는 게 옳다. 왜냐하면 그 행위를 한 몸이 실제로 다른 누구도 아닌 그분에게 속한 몸이었기 때문이다. 더 나아가, 그 행위들은 자신의 몸이 단지 몸으로 보이는 게 아니라 실제 몸이라는 것을 보여 주기 위해 그분이 인간으로서 행하신 일로 돌려지는 게 맞다. 태어나고 음식물을 먹고 마시는 그런 평범한 행위를 통해 그분은 실제로 몸속에 존재하는 분으로 인식되었다. 하지만 몸을 통해서 하신 특별한 행위를 통해서는 자신을 하나님의 아들로 입증하셨다. 그것이 바로 믿지 않는 유대인들에게 그분이 하신 말씀의 의미다. "만일 내가 내 아버지의 일을 행하지 아니하거든 나를 믿지 말려니와 내가 행하거든 나를 믿지 아니할지라도 그 일은 믿으라 그러면 너희가 아버지께서 내 안에 계시고 내가 아버지 안에 있음을 깨달아 알리라"(요 10:37, 38).

그분 자체로서는 우리 눈에 보이지 않는 존재인 그분은 자신의 창조물을 통해 우리에게 알려지신다. 마찬가지로, 그분의 신성이 인성(human nature)에 가려져 있을 때, 그분이 몸으로 행하신 행위는 여전히 그분을 인간만이 아니라 하나님의 권능이요 말씀으로 선포한다. 예를 들어 악한 영들에게 권위 있게 말씀하는 행위, 악한 영들을 쫓아내는 행위는 인간의 행위가 아니라 신적인 행위다. 또한 인간은 병에 걸리기 마련인데 그분이 그 모든 질병을 치유하는 광경을 볼 수 있었던 이들은 그분을 단지 인간이 아니라 하나님으로도 생각하지 않았을까? 그분은 나병 환자를 깨끗케 해주셨고, 다리 저는 사람을 걷게 해주셨고, 듣지 못하는 사람의 귀와 보지 못하는 사람의 눈을 열어 주셨으며, 그분이 쫓아내지 못할 질병이나 연약함이 없었다. 무심히 그 광경을 지켜보는 사람일지라도 이것이 하나님의 행위임을 알 수 있다. 예를 들어, 날 때부터 앞을 보지 못하는 사람을 고쳐 주신 경우, 인간의 아버지요, 창조주, 인간의 전 존재를 주관하시는 분이 아니면 과연 누가 날 때부터 주어지지 않은 그 기능을 회복시킬 수 있겠는가? 그 기능을 회복시킨 분은 인간의 탄생을 주관하시는 주님 자신임이 분명하다. 이는 그분이 어떤 방식으로 인간이 되셨는지를 보아도 입증된다. 그분은 동정녀에게서 자신의 몸을 형성하셨다. 이는 그분의 신성을 입중하는, 결코 사소하지 않은 증거다. 왜냐하면 그 몸을 형성하신 분은 다른 모든 것을 만드신 분이었으니 말이다. 그 몸이 인간 아버지 없이 동정녀에게서 났다는 사실을 아는 사람이라면 그 몸을 통해 나타나신 분이 다른 모든 것의 창조주요, 주님이기도 하다는 것 또한 그 사실에서 추론할 수 있지 않겠는가?

또한, 가나의 기적을 생각해 보라. 물의 본질이 포도주로 변화되는 것을 본 사람이라면, 이 일을 하신 분이 바로 자신이 변화시킨 물의 주님이요, 그 물을 만드신 분이라는 것을 알지 않겠는가? 같은 이유에서 그분은 마른 땅을 걷듯 물 위를 걸으셨으니, 이는 그분이 만물을 지배하는 분이라는 것을 그 광경을 지켜본 사람들에게 입증하기 위해서였다. 그리고 떡 다섯 덩이로 오천 명을 배불리 먹이신 일에서 보다시피, 얼마 안 되는 음식으로 많은 사람을 먹이신 일 또한 그분이 다름 아니라 만물을 섭리하는 바로 그 주님임을 입증하지 않았는가?

4장
그리스도의 죽음

#19

구주는 이 모든 일을 자신이 하기에 적절한 일로 보셨고, 그래서 창조 세상에서 그분의 임재를 보지 못하는 사람들도 그분이 자신의 몸으로 하신 행위를 하나님의 행위로 인식함으로써 아버지를 아는 지식을 다시 획득할 수 있게 하셨다. 앞에서 말했다시피, 악한 영들을 다스리는 그분의 권위와 이 권위를 대하는 악한 영들의 반응을 본 사람이라면 뉘라서 그분이 정말로 하나님의 아들이요, 하나님의 지혜와 권능이시라는 것을 의심할 수 있었겠는가? 창조 세상까지도 그분의 명령 앞에서 침묵을 깼으며, 무엇보다 놀라운 것은, 십자가 앞에서, 승리의 그 기념물 앞에서 몸으로 고난당하신 그분은 인간일 뿐만 아니라 하나님의 아들이요, 만인의 구주이심을 한목소리로 고백했다는 것이다. 해가 그분의 얼굴을 덮어 가렸고, 땅이 흔들렸으며, 산이 갈라졌고, 모든 인간이 두려움에 사로잡혔다. 이런 일들은 십자가에 달리신 그리스도가 하나님임을, 모든 피조물이 다 그분의 종으로서 그 창조주의 임재에 대한 두려움으로 그분을 증언하고 있음을 보여 주었다.

이렇게, 말씀이신 하나님이 자신의 행위를 통해 인간에게 자기를 계시하셨다. 다음 단계로 우리는 그분이 이 땅에서 사신 삶의 결말과 그분의 몸이 죽으신 일의 본질에 대해 생각해 보아야 한다. 실로 이는 우리 신앙의 최중심이며, 우리는 어디를 가나 사람들이 이에 대해 이야기하는 것을 들을 수 있다. 그분의 다른 행위 못지않게 이 일에 의해서도 그리스도는 하나님이요, 하나님의 아들로 계시되신다.

#20

그분이 몸으로 나타나셔야 했던 이유에 대해 우리의 이해력과 형편이 허락하는 한까지 다뤄 보았다. 썩을 것을 썩지 않는 것으로 변화시키는 일은 다른 누구도 아닌 구주 자신에게만 합당한 일이라는 것, 그분은 태초에 무(無)에서 만물을 만드신 분이며, 아버지의 형상이신 분만이 인간 안에 그 형상을 재창조하실 수 있다는 것, 우리 주 예수 그리스도 외에는 누구도 죽을 운명인 자들에게 불멸을 줄 수 없다는 것, 그리고 만물을 질서 있게 하시고 홀로 아버지의 참되고 유일한 독생자이신 말씀(the Word)만이 인간에게 아버지에 관해 가르치실 수 있고 우상숭배를 폐지할 수 있다는 것을 살펴보았다. 그런데 이 모든 사실 외에도 우리 모두가 그분에게 빚진 것이 하나 더 있다. 앞에서 말했다시피, 모든 인간은 원래 죽게 되어 있었다. 그것이 바로 말씀께서 우리 가운데 거하셔야 했던 두 번째 이유인데, 즉 그분은 자신의 행위로 자신의 신성을 입증하신 뒤 이제 모두를 대신해 자신의 성전을 죽음에 내어 줌으로써 모두를 위해 희생 제사를 드리고자 하셨으니 이는 인간이 죽음을 상대로 모든 계산을 마치고 최초의 범죄에서 자유로워지도록 하기 위해서였다. 또한 이 행위를 통해 그분은 부활의 첫 열매로서 자신의 몸이 썩지 않음을 증명하여 자신이 죽음보다 더 강한 분임을 보여 주셨다.

이 주제를 반복해서 다룬다고 해도 놀라서는 안 된다. 우리는 지금 하나님의 선한 기쁨, 그리고 하나님이 애정 어린 지혜로 생각하시기에 마땅히 하셔야 할 일에 대해 이야기하고 있기 때문이다. 그리고 혹여 반드시 이야기해야 할 것을 한 가지라도 빠뜨리기보다는 차라리 같은 이야기를 몇 가지 방식으로 다뤄 보는 게 더 낫다. 말씀이신 분의 몸은 동정녀에게서 독특하게 형성되어 나왔음에도 실제 인간의 몸이었으며, 그 몸 자체는 필멸성을 지녔고, 다른 사람들의 몸과 마찬가지로 죽음을 면할 수 없었다. 그러나 말씀의 내주하심이 이 몸을 이 자연적 성질에서 자유롭게 해주었고, 그래서 부패가 이 몸을 건드릴 수 없었다. 이리하여 상반되는 두 가지의 놀라운 일이 동시에 일어났다. 즉, 만인의 죽음이 주님의 몸에서 성취되었고, 그런 한편 말씀이 그 몸 안에 계셨기에 죽음과 부패가 바로 그 행위로써 완전히 폐지되었다. 죽음이, 만인을 위한 죽음이 거기 있어야 했고, 그리하여 만인이 갚아야 할 빚이 청산되었다. 말했다시피, 말씀이신 분 자신은 죽을 수가 없었기에, 죽을 수 있는 몸을 취하셔서, 모두를 대신해 이 몸을 자신의 몸으로 바치셨고, 그 몸으로 들어오심을 통해 만인을 대신해 고통당하셔서 "죽음을 통하여 죽음의 세력을 잡은 자 곧 마귀를 멸하시며 또 죽기를 무서워하므로 한평생 매여 종노릇하는 모든 자들을 놓아 주려"(히 2:14) 하셨다.

#21

그러므로 두려워하지 말라. 이제 만인 공통의 구주께서 우리를 대신해 죽으셨으니, 그리스도를 믿는 자들인 우리는 이제 옛 사람들처럼 율법의 경고에 따라 죽지 않는다. 율법의 정죄는 종식되었다. 그리고 이제 부활의 은혜에 의해 부패는 내쫓겨 사라졌기에 우리는 하나님이 각 사람을 위해 정하신 알맞은 때에 우리의 죽을 몸에서 벗어나며, 그리하여 더 좋은 부활(히 11:35 참고)을 얻을 수 있다. 씨앗이 땅에 뿌려지듯, 우리는 분해되어 없어지는 게 아니라 씨앗처럼 다시 살아날 것이며, 구주의 은혜로써 죽음은 무(無)로 돌아갔다. 그것이 바로 복된 자 바울, 곧 우리 모두에게 부활을 확언하는 그가 이렇게 말하는 이유다. "이 썩을 것이 반드시 썩지 아니할 것을 입겠고 이 죽을 것이 죽지 아니함을 입으리로다 이 썩을 것이 썩지 아니함을 입고 이 죽을 것이 죽지 아니함을 입을 때에는 사망을 삼키고 이기리라고 기록된 말씀이 이루어지리라 사망아 너의 승리가 어디 있느냐 사망아 네가 쏘는 것이 어디 있느냐"(고전 15:53-55).

어떤 사람들은 이렇게 말할 수도 있다. "좋아요. 그런데 그분이 우리 모두를 대신해 자기 몸을 죽음에 내어 주는 게 꼭 필요한 일이었다면, 공개적으로 십자가에 달려 죽기까지 할 것이 아니라 그냥 한 인간으로서 비밀리에 죽을 수도 있지 않았습니까? 그렇게 수치스러운 죽음을 당하기보다는 체면을 지키면서 자기 몸을 내놓는 것이 그분에게 분명 더 어울렸을 텐데요." 하지만 이 주장을 좀 더 면밀히 들여다보면, 이는 단지 인간의 생각에 지나지 않는 반면 구주께서 하신 일은 몇 가지 이유에서 참으로 신적이며 그분의 신성에 걸맞은 일이었다는 것을 알 수 있다. 첫 번째 이유는 다음과 같다. 평범한 상황에서 사람의 죽음은 인간이 원래 타고나는 연약함의 결과다. 사람은 본질적으로 영원하지 않으며, 일정한 시간이 지나면 병이 들고 쇠약해지면 죽는다. 그러나 주님은 그렇지 않다. 그분은 연약하시지 않으며, 그분은 하나님의 권능이요, 하나님의 말씀이고 생명 그 자체시다. 만약 그분이 보통 사람들처럼 침상에 누워 조용히 죽으셨다면, 본성의 연약함에 따라 죽으신 것처럼 보였을 것이며 사실은 여느 사람과 다를 바 없는 분으로 보였을 것이다. 그분은 말씀과 생명과 권능 자체였기에 그분의 몸은 강했다. 그러나 죽음이 반드시 성취되어야 했기 때문에 그분은 스스로 죽음을 취하시지 않고 다른 사람들의 손에 죽음을 당하심으로써 자신의 희생을 완전하게 하셨다. 사람들의 병을 고쳐주신 분이 어떻게 몸이 아플 수 있겠는가? 사람들을 강건하게 해주는 수단인 그 몸이 어떻게 약해지고 쇠할 수 있겠는가? 그러면 또 이렇게 말할지도 모르겠다. "질병을 막으신 것처럼 죽음도 막지 않으신 이유가 뭡니까?" 그분이 몸을 취하신 것은 죽기 위해서였던 것이 틀림없으며, 죽음을 막는다는 것은 부활을 방해하는 행동이었을 것이다. 그분의 몸에 질병은 어울리지 않았다는 것에 대해, 마치 그분의 연약함을 주장하는 것처럼 또 이렇게 말할 수도 있다. "그럼 그분은 배고프지 않으셨나요?" 물론 그분은 배고프셨다. 배가 고픈 것이 그분 몸의 속성이었기 때문이다. 하지만 그분이 배고픔으로 죽지 않으신 것은 배고픔을 느끼는 몸을 가진 그분이 주님이었기 때문이다. 마찬가지로, 그분은 만인을 속량하려고 죽으시기는 했지만, 썩음을 당하지는 않으셨다(행 2:31, 13:35 참고). 그분의 몸은 완벽히 건강한 상태로 부활했으니, 이는 다른 누구도 아닌 생명 자체이신 분의 몸이었기 때문이다.

#22

혹시 또 어떤 사람은 주님이 자신을 해치려는 유대인들의 음모를 피하는 게 더 나았을 거라고, 그랬다면 자신의 몸을 죽음에서 아예 지키실 수 있었을 거라고 말할지도 모르겠다. 하지만 이 또한 그분에게 얼마나 어울리지 않는 일이었을지 생각해 보라. 자기 손으로 자기 몸을 죽음에 내어 주는 게 말씀이시고 생명이신 분에게는 어울리지 않았던 것과 마찬가지로, 다른 사람이 안겨 주는 죽음을 피하는 것도 그분과 조화되는 행동이 아니었다. 오히려 그분은 최대한도로 그 죽음을 추구하셨으며, 그러므로 자진하여 자기 몸을 버리지도 않으시고 유대인들의 음모를 피해 달아나지도 않으시는 게 옳았다. 그리고 이는 말씀이신 분의 한계나 연약함을 보여 주는 행동이 아니었다. 그분은 죽음을 종식시키기 위해 죽음을 기다리셨으며, 또한 만인을 대신해 자신에게 주어진 것으로서 이 죽음을 서둘러 성취하셨다. 더 나아가, 구주께서 이 땅에 오사 성취하고자 하신 죽음은 자기 자신의 죽음이 아니라 모든 인류의 죽음이었던 만큼, 그분은 개인적 죽음의 행위로써 자기 몸을 버리지 않으셨다. 이는 생명이신 그분에게 전혀 어울리지 않았다. 그분은 다른 사람의 손에 죽는 죽음을 받아들이셨고, 그럼으로써 자신의 몸을 통해 죽음을 완전히 멸하고자 하셨다.

주님의 몸이 왜 이런 마지막을 맞았는지 그 이유를 알게 해주는 몇 가지 사항을 더 고찰해 보자. 그분이 이 땅에 오신 가장 중요한 목적은 몸의 부활을 성취하기 위해서였다. 이는 죽음을 이기신 그분의 승리를 기념하는 기념물이요, 그분이 친히 부패를 정복하셨고 그래서 다른 모든 이의 몸도 마지막에 썩지 않음을 입게 되리라는 보증이 되어야 했다. 또한 앞으로 모든 이에게 있을 부활의 표이자 보증으로서 그분은 자신의 몸이 썩지 않게 하셨다. 하지만 여기서도 마찬가지로, 그분의 몸이 만약 병들었고 말씀께서 몸을 그 상태로 버려두셨다면, 이는 얼마나 어울리지 않는 광경이었겠는가! 다른 사람들의 몸을 고쳐 주신 분이 자기 몸을 건강히 유지하는 일은 소홀히 하신다는 것인가? 만약 그랬다면 그분이 치유의 기적을 일으키신다는 것을 사람들이 어떻게 믿을 수 있었겠는가? 사람들은 질병을 물리치지 못하는 분이라고 그분을 비웃었을 것이며, 혹 물리칠 수 있는데도 물리치지 않은 거라면 타인에게 마땅히 품어야 할 사랑이 결여된 분이라고 여겼을 것이다.

#23

여기서 또 한 번, 그분이 어떤 질병도 고통도 없이 그저 자신의 몸을 어디엔가 감춰 두었다가 갑자기 다시 나타나 자신이 죽음에서 부활했다고 말씀하신 거라고 가정해 보자. 사람들은 그분을 그저 허황된 이야기꾼으로 여겼을 것이며, 그분의 죽음을 목격한 이가 없으므로 누구도 그분의 부활을 믿으려 하지 않았을 것이다. 그래서 죽음이 부활에 선행되어야 했다. 죽음 없이는 부활도 없었을 것이니 말이다. 보는 사람이 아무도 없는 은밀한 죽음은 부활 후 이를 지지해 줄 그 어떤 증거나 흔적을 남기지 못할 터였다. 다시 말해, 자신이 부활하시리라는 사실을 공개적으로 선언한 마당에, 은밀한 죽음을 맞으셔야 할 이유가 무엇이었겠는가? 악한 영들을 쫓아내시고, 날 때부터 앞을 못 보는 사람을 고쳐 주시고, 물을 포도주로 변화시키는 일을 모두 공개적으로 행하심은 자신이 말씀(the Word)임을 사람들에게 확신시키기 위해서였으므로, 죽음에 이르렀던 자신의 몸이 썩음을 당하지 않는다는 사실 또한 공개적으로 선언해서 자신이 생명 자체임을 사람들이 믿을 수 있게 하시지 않겠는가? 제자들 또한 그분이 먼저 죽으셨다는 것을 하나의 사실로 진술할 수 있지 않은 한 어떻게 부활을 담대히 말할 수 있었겠는가? 제자들이 그분의 죽음을 목격하지 않은 한, 이들의 이야기를 듣는 사람들이 이들의 주장을 믿을 거라고 어떻게 기대할 수 있었겠는가? 당시 바리새인들은 이 일이 자신들의 눈앞에서 일어났음에도 믿기를 거부하고 다른 사람들에게도 이 일을 부인하기를 강요했는데, 만약 이 일이 은밀히 일어났다면 이들은 자신들의 불신앙에 대해 얼마나 많은 핑곗거리들을 꾸며 냈겠는가? 이렇게 주님이 만인의 시선 앞에서 도전을 던지지 않으셨다면, 그리고 자신의 몸이 썩지 않았다는 사실로써 이후 죽음이 폐지되고 무효가 되었음을 입증하지 않으셨다면, 어떻게 죽음의 종식과 죽음에 대한 승리가 선언될 수 있었겠는가?

#24

우리가 답변해야 할 또 다른 반론이 몇 가지 있을 수 있다. 어떤 이들은 이렇게 주장할지도 모른다. 나중에 사람들이 부활을 믿을 수 있도록 공개적으로 죽으실 필요가 있었음을 인정한다 해도, 그분 자신을 위해서는 명예로운 죽음을 계획하는 게 더 좋았을 것이며, 그래서 십자가의 치욕을 피했어야 한다고 말이다. 그러나 만약 그렇게 했다면, 죽음을 이길 수 있는 그분의 능력이 자신을 위해 선택한 특정 종류의 죽음에만 한정된다는 의혹에 근거를 제공했을 것이다. 또한 여전히 부활을 믿지 않을 또 하나의 핑계를 제공하기도 했을 것이다. 그러므로 죽음이 그분에게 오되 그분 자신의 손에서가 아니라 원수의 행동에서 온 것은, 원수가 죽음을 어떤 형태로 그분에게 제시하든 구주께서 이를 철저히 폐지할 수 있기 위해서였다. 너그러운 씨름꾼, 그러면서도 힘세고 강한 씨름꾼은 자기 스스로 적수를 고르지 않는다. 그랬다가는 두려운 상대가 있다는 의혹을 불러일으킬 수도 있기 때문이다. 그는 싸움 상대를 고르는 일을 관중에게 맡긴다. 관중이 적대적이면 특히 더 그렇다. 그래야 이들이 누구를 자신의 상대로 맞붙여 놓든 다 때려눕혀서 자신의 우월한 힘을 입증할 수 있으니 말이다. 그리스도의 경우에도 마찬가지였다. 모든 것의 생명이시며 우리의 주님이자, 구주인 그분은 자신의 죽음의 방식을 스스로 정하지 않으셨으며, 이는 다른 어떤 종류의 죽음을 두려워하는 것처럼 보이지 않도록 하기 위해서였다. 그렇다. 그분은 타인들이 자신에게 선고한 죽음을 십자가에서 받아들여서 감당하셨으며, 그 타인들은 그분의 특별한 원수들이었고, 그 죽음은 그들에게 최고로 끔찍한 죽음, 결코 마주하고 싶지 않은 죽음이었다. 그분이 그들의 손에서 이런 죽음을 받아들이신 것은, 이런 죽음마저도 멸하심으로써 사람들이 자신을 생명으로 믿을 수 있게 하고 죽음의 권세가 마침내 무효가 되었음을 인식하도록 하기 위해서였다. 이렇게 해서 경이롭고 엄청난 역설이 발생했으니, 저들은 그분을 이렇게 죽게 하면서 이것이 그분에게 수치와 불명예가 될 것이라 여겼으나 이는 오히려 죽음의 패배를 기념하는 영광스러운 기념비가 되었다. 또한 이렇게 해서 그분은 세례 요한처럼 목이 베이는 죽음을 당하지도 않으셨고 이사야처럼 톱으로 몸이 잘려 죽지도 않으셨다. 죽으시면서도 그분은 자신의 몸을 온전히, 나뉘지 않은 상태로 보전하셨으며, 그리하여 나중에 교회(the Church)를 나누려고 하는 자들에게 핑곗거리가 되지 않게 하셨다.

#25

이렇게 해서 교회 밖에 있는 사람들의 수많은 반론에 답변했다. 그런데 그리스도인 중에서 누구든 그분이 왜 다른 어떤 방식이 아니라 십자가에서 죽음을 당하셨는지 알고 싶다고 솔직하게 질문한다면 우리는 이렇게 답변하겠다. 다른 어떤 방식의 죽음은 우리에게 적당하지 않았고 실로 주님은 우리를 위해 최고로 유익한 한 죽음을 바치셨다고 말이다. 그분은 우리에게 내려진 저주를 담당하러 오셨다. 그러므로 저주받은 죽음을 받아들이는 것 말고 그분이 달리 어떻게 "저주를 받은 바"(갈 3:13)되실 수 있었겠는가? 그리고 그 죽음이 바로 십자가니 "나무에 달린 자마다 저주 아래 있는 자"(갈 3:13)이기 때문이다. 다시 말해, 주님의 죽음은 모든 사람을 위한 속전(贖錢)이며, 이 속전으로써 "중간에 막힌 담"(엡 2:14)이 헐리고 이방인을 부르는 결과가 빚어진다. 십자가에 달려 죽지 않으셨다면 그분이 어떻게 우리를 부르실 수 있었겠는가? 사람이 두 팔을 펼친 채 죽는 것은 오직 십자가에서만 가능하니 말이다. 여기서 또다시 우리는 그분의 죽음이 적절했다는 것을, 그리고 두 팔을 활짝 펼친 채 죽으신 것 또한 적절했다는 것을 알게 된다. 이는 한쪽 팔로는 구약 시대의 하나님 백성[인 유대인]을, 그리고 또 한쪽 팔로는 이방인을 끌어당겨, 이 둘이 자신 안에서 만날 수 있게 하시려는 것이었다. 그럴지라도 그분은 우리를 속량하는 자신의 죽음이 어떤 방식으로 이뤄질지 예고하셨다. "내가 땅에서 들리면 모든 사람을 내게로 이끌겠노라"(요 12:32). 다시 말해, 공중은 마귀의 영역으로, 인간의 원수인 마귀는 하늘에서 떨어져서, 불순종에 동참한 다른 악한 영들과 함께 인간의 영혼이 진리에서 멀리 떨어져 있게 하고 진리를 따르려는 사람들이 그 일에 진보를 이루지 못하도록 훼방하려고 애를 쓴다. 사도 바울은 이에 대해 다음과 같이 언급한다. "공중의 권세 잡은 자를 따랐으니 곧 지금 불순종의 아들들 가운데서 역사하는 영이라"(엡 2:2). 그러나 주님이 마귀를 타도하시고 공중을 정결하게 하여 우리가 하늘로 올라갈 '길'을 만들려고 오셨으니, 그 길은 사도 바울의 말처럼 "휘장 가운데로 열어 놓으신……그의 육체"(히 10:20)다. 길을 여는 일은 죽음을 통해 이뤄져야 했으니, 공중에서의 죽음, 즉 십자가에서의 죽음 말고 다른 어떤 종류의 죽음이 그 일을 이룰 수 있었겠는가? 주님이 이렇게 고난당하신 것이 얼마나 옳고도 당연한 일이었는지 여기서 다시 한 번 확인할 수 있다. 이렇게 땅에서 '들림'으로써 그분은 원수의 모든 악한 영향으로부터 공중을 깨끗케 하셨다. "사탄이 하늘로부터 번개 같이 떨어지는 것을 내가 보았노라"(눅 10:18)고 그분은 말씀하신다. 그리고 이렇게 해서 그분은 하늘로 가는 길을 다시 여셨다. "너희 문들을 들지어다 오 너희 방백들아 들릴지어다 너희 영원한 문들아"(시 24:7. 개역개정 성경에는 "문들아 너희 머리를 들지어다 영원한 문들아 들릴지어다 영광의 왕이 들어가시리로다"로 번역됨_옮긴이) 라고 또한 말씀하시면서 말이다. 말씀이신 분 자신에게는 문이 열릴 필요가 없었다. 그분은 만유의 주님이기 때문이다. 게다가 그분이 창조하신 것들은 창조주인 그분을 향해 닫혀 있지도 않았다. 문이 열릴 필요가 있었던 것은 우리 때문이다. 그런 우리를 그분이 자신의 몸으로써 친히 들어 올리셨다. 만인을 위해 먼저 죽음에 내어 주었고, 이어서 그 죽음을 통해 하늘에 오르는 길을 열어 준 그 몸으로 말이다.

5장
부활

#26

그러므로 우리를 위한 십자가에서의 죽음은 적절하고도 전적으로 조화로웠다. 또한 우리는 이것이 얼마나 타당성 있었는지, 그리고 세상 구원이 왜 다른 어떤 방식으로는 성취될 수 없었는지 알 수 있다. 십자가에서도 그분은 사람들에게 보이지 않게 자신을 감추지 않으셨다. 오히려 온 창조 세상이 그 창조주의 존재를 목격하게 하셨다. 그리고 자신의 몸이라는 성전이 정말로 죽었다는 것을 모두에게 일단 확인시킨 후에는 죽음에 오래 머물게 하지 않으시고 삼 일 후에 곧 일으키셨다. 고통을 느끼지 않으며 썩음을 당하지 않는, 그분의 승리의 보증이자 증표인 그 몸을 말이다.

물론 그분의 권능이라면 죽자마자 곧 자신의 몸을 일으켜 살아 있는 모습을 보여 주실 수도 있었다. 그러나 더할 수 없이 지혜로우신 구주께서는 그렇게 하지 않으셨다. 그렇게 했다가는 "그 몸이 사실은 죽은 게 아니었다", 혹은 "완전히 죽은 게 아니었다"고 말하는 이들이 있을지 몰랐기 때문이다. 게다가, 죽음과 부활 사이의 간격이 이틀 정도였다면 썩지 않음의 영광이 드러나지 않았을 수도 있다. 그래서 자신의 몸이 정말로 죽었다는 것을 보여 주려고 만 하루를 온전히 기다리신 후 삼 일째 되는 날 전혀 썩지 않은 상태로 그 몸을 모두에게 보여 주셨다. 죽음과 부활 사이 간격이 더 길지는 않았다. 더 길었다가는 사람들이 이 일에 대해 망각할 수도 있고, 죽은 몸과 부활한 몸이 정말 동일한 몸인지 의심이 자랄 수도 있었기 때문이다. 그렇다. 이 사건이 아직 사람들의 귀에 쟁쟁하고 시선은 여전히 기대에 차 있고 마음도 아직 긴장을 놓지 못하고 있을 때, 그리고 그분을 죽인 자들이 여전히 그 현장에서 주님의 죽음을 증언하고 있을 때, 하나님의 아들은 삼 일 후 한때 죽었던 자신의 몸을 영원히 죽지 않고 썩지 않는 상태의 몸으로 보여 주셨다. 그리하여 말씀께서 내주하신 몸이 죽은 것은 본질적 연약함 때문이 아니라, 구주의 권능으로 그 몸에서 죽음을 종식시키기 위해서였다는 것이 모든 사람에게 명백히 드러났다.

#27

죽음이 이렇게 멸망했고 십자가에 의해 정복되었다는 아주 강력한 증거는 현재의 사실이 제공한다. 즉, 그리스도의 모든 제자가 죽음을 멸시한다. 이들은 죽음에 대해 공세적 태도를 취하며, 죽음을 두려워하지 않고, 십자가라는 표와 그리스도를 믿는 믿음으로써 죽음을 밟아 뭉개며 소멸된 것으로 취급한다. 구주께서 이 땅에 신적으로 머물기 전에는 인간 중에 가장 거룩한 사람일지라도 죽음을 두려워했고, 죽은 사람은 썩어 없어진 사람으로 여기며 애도했다. 하지만 구주께서 자신의 몸을 일으켜 세우신 지금, 죽음은 이제 무섭지 않으며, 그리스도를 믿는 모든 사람은 죽음을 아무것도 아닌 것으로 여겨 짓밟으며, 죽어도 소멸하지 않으며 사실은 부활을 통해 썩지 않음을 입는다는 것을 잘 알기에 그리스도를 믿는 믿음을 부인하느니 차라리 죽는 편을 택한다. 과거에 마귀는 사악하게 죽음을 기뻐했으나, 죽음의 고통이 느슨해진 지금, 오직 마귀만이 참으로 죽은 상태를 유지하고 있다. 이에 대한 증거는 다음과 같다. 즉, 인간은 그리스도를 믿기 전에는 죽음을 두렵게 여기고 무서워하지만, 일단 회심을 하면 죽음을 철저히 얕보기에 오히려 죽음을 만나 보기를 갈망할 정도이고, 스스로 구주께서 죽음에서 부활하셨다는 사실에 대한 증인이 된다. 심지어 어린아이들도 이렇게 죽기를 서두르며, 남자들뿐만 아니라 여자들도 전에는 죽음에 속아 넘어갔으나 이제는 죽음을 모든 힘을 빼앗긴 죽은 것으로 여겨 조롱한다. 죽음은 합법적 군주에게 철저히 정복당한 폭군같이 되었다. 손발이 묶인 그에게 행인들이 조소를 보내고, 때리고 욕설을 하는 등 더는 그의 잔혹함과 사나움을 두려워하지 않으니, 이는 그를 정복한 왕 때문이다. 이렇게 죽음은 십자가에서 구주에게 정복당하고 실체가 밝혀져 낙인찍혔다. 죽음은 손발이 묶였고, 그리스도 안에 있는 모든 사람이 죽음을 밟고 지나가며, 그리스도를 증언하는 자들로서 죽음을 조롱하고 비웃으면서 이렇게 말한다. "사망아 너의 승리가 어디 있느냐 사망아 네가 쏘는 것이 어디 있느냐"(고전 15:55).

#28

이는 죽음의 무력함에 대한 빈약한 증거라고 생각하는가? 아니면 그리스도 안에 있는 청년 남녀가 이생을 멸시하고 죽기를 연습할 때, 구주께서 죽음에 승리하셨음을 슬쩍 암시하는 것인가? 모든 사람은 태생적으로 죽음을 두려워하고 몸의 소멸을 두려워한다. 가장 놀라운 것은, 십자가를 믿는 믿음에 감싸인 사람은 이 본능적 두려움을 멸시하며, 십자가 때문에 더는 죽음 앞에서 겁을 내지 않는다는 것이다. 불의 속성은 타는 것이다. 그런데 인도인들이 말하는 석면처럼, 타는 것을 겁내지 않고 오히려 불에 타지 않는 성질을 입증함으로써 불의 무력함을 보여 주는 물질이 있다고 가정해 보라. 이것이 사실인지를 의심하는 사람이 있다고 할 때, 이 사람이 할 일은 문제의 그 물질로 자기 몸을 감싼 뒤 불과 접촉하는 것이다. 아니 앞서의 비유로 돌아가서, 사람들에게 그토록 공포의 대상이었던 폭군이 정말로 손발이 묶여 무력한 상태인지 확인하고자 하는 사람은 그저 폭군을 정복한 왕의 나라에 가 보면 된다. 그렇지만, 그리스도 안에 있는 그 수많은 증거와 그 수많은 순교 사례, 그리고 가장 참된 그분의 종들이 죽음에 대해 그렇게 날마다 멸시를 보임에도 불구하고, 죽음이 정복된 사실을 여전히 의심하는 사람은 그런 엄청난 일에 놀라는 것이 좋을 것이며, 불신앙을 고집하면서 명백한 사실을 경시하지 말아야 할 것이다. 그렇다. 이런 사람은 석면의 속성을 입증하고 싶어 하는 사람과 비슷하며, 폭군이 결박되어 있는지 확인하려고 정복자의 영토로 들어가는 사람과 비슷하다. 이 사람, 죽음이 정복된 사실을 믿지 못하는 이 불신자는 그리스도의 믿음을 기꺼이 받아들여야 하며 그분의 가르침으로 나아와야 한다. 그러면 죽음이 얼마나 무력한지, 얼마나 철저히 정복되었는지 알게 될 것이다. 실제로, 전에 불신자였고 조소하는 사람이었으나 신자가 된 후 죽음을 얼마나 경멸하는지 그 자신이 그리스도를 위해 순교자가 되는 사람도 많다.

#29

그래서 십자가라는 표에 의해, 그리고 그리스도를 믿는 믿음에 의해 죽음이 짓밟힌다면, 죽음을 이긴 대승리자요, 죽음에게서 권세를 빼앗은 이는 그리스도 자신이요, 다른 누구도 아니라는 사실이 분명하다. 죽음은 강하고 소름 끼쳤으나, 이제 구주께서 이 땅에 머무심과 그분의 몸의 죽음과 부활 이후로는 멸시당한다. 그리고 십자가에 높이 달리신 바로 그 그리스도에 의해 죽음은 멸망했고 최종적으로 정복당한 것이 분명하다. 밤이 지나고 해가 떠서 온 세상이 그 빛으로 밝아지면, 이렇게 사방에 빛을 뿌려 어둠을 몰아내는 것이 바로 해라는 것을 누구도 의심하지 않는다. 마찬가지로, 구주께서 몸으로 자기를 나타내시고 십자가에서 죽으시자 죽음이 이렇게 완전히 멸시당하고 짓밟히는 일이 뒤따랐으므로, 죽음을 무(無)로 돌리시고 자신의 제자들 가운데 그 승리의 기념비를 날마다 세우시는 분이 바로 구주 자신이라는 사실 또한 명백하다. 본디 연약한 인간이 죽기를 서두르고, 죽음의 부패 앞에서도 무서워하지 않고, 음부로 내려갈 것을 두려워하지 않으며, 죽음의 고통 앞에 위축되지 않고 심지어 간절한 마음으로 죽음에 도전하기까지 하면서, 이생에 머물기보다 오히려 그리스도를 위해 죽음을 향해 돌진하는 광경을 보면 달리 어떤 생각을 할 수 있겠는가? 남자와 여자와 심지어 어린아이들까지 이렇게 그리스도를 믿는 믿음을 위해 죽음을 반갑게 맞이하는 광경을 직접 본다면, 지극히 어리석고 의심 많고 생각이 뒤틀린 사람이 아닌 한 뉘라서 이 모든 사람이 증언하는 그리스도께서 친히 각 사람에게 승리를 주사, 그분을 믿는 믿음을 굳게 쥐고 십자가의 표를 지닌 사람들에게는 죽음이 전혀 힘쓰지 못하게 만드신다는 사실을 실감하지 못할 수 있겠는가? 생각이 뒤틀리고 오감이 비정상이 아닌 한, 뱀이 짓밟히는 것을 본다면, 특히 뱀이 얼마나 잔혹했는지를 아는 사람이라면 뱀이 죽었다는 것을 전혀 의심하지 않는다. 어린아이들이 사자를 장난감처럼 가지고 놀고 있다면, 그 광경을 보는 사람은 사자가 죽었거나 혹은 완전히 힘을 잃은 상태일 거라고 생각하지 않겠는가? 이런 일들은 우리 눈으로 직접 확인할 수 있으며, 죽음이 정복된 일에 대해서도 마찬가지다. 그러므로 그리스도를 믿는 사람들이 죽음을 조롱하고 비웃는 것을 보면 그리스도께서 죽음을 멸하셨고 죽음에 따르는 부패가 해결되고 종식되었다는 것을 더는 의심하지 말라.

#30

우리가 지금까지 이야기한 것은 확실히 죽음의 멸망 및 주님의 십자가가 그분이 거둔 승리의 기념비라는 사실에 대한 적지 않은 증거다. 하지만 몸이 영원히 죽지 않는 상태로 부활하는 것은 이제 만인 공통의 구주요, 참 생명이신 그리스도의 사역에서 빚어진 결과로서, 건전한 정신적 시각을 가진 사람들에게는 이것이 말보다는 사실을 통해서 더 잘 입증된다. 지금까지 주장했다시피, 죽음이 멸망했고 모든 사람이 그리스도 덕분에 죽음을 짓밟는다면, 하물며 그분 자신은 자신의 몸을 통해 최초로 죽음을 얼마나 짓밟아 멸망시키셨겠는가! 죽음이 이렇게 그분에게 죽임당했는데, 그분의 몸이 부활해 승리의 기념비로 훤히 증시(證示)되는 것 외에 다른 어떤 결말이 있을 수 있겠는가? 주님의 몸이 부활하지 않았다면 죽음의 멸망이 어떻게 모두에게 증명될 수 있었겠는가? 하지만 부활의 증거로서 이것마저도 불충분하다고 생각하는 사람이 있다면, 눈앞에서 일어나는 일에서 증거를 찾기 바란다. 죽은 사람은 실제적 행동을 취할 수 없다. 사람이 타인에게 끼치는 영향은 무덤에 들어가기 전까지만 지속된다. 타인에게 활력을 주는 행위와 행동은 살아 있는 사람만 할 수 있다. 자, 그렇다면 이 경우 우리 눈에 보이는 사실들을 생각해 보라. 구주께서는 사람들 사이에서 힘 있게 일하고 계시며, 헬라어권 세상 안팎의 온 세상 수많은 사람에게 구주를 믿는 믿음을 받아들이고 구주의 가르침에 순종하라고 날마다 눈에 보이게 권유하고 계신다. 이 사실 앞에서 뉘라서 그분이 부활하여 살아 계신다는 것을, 아니 그분 자체가 생명이시라는 것을 여전히 의심할 수 있겠는가? 죽은 사람이 인간의 양심을 찔러서, 조상들의 모든 전통을 바람에 날려 버리고 그리스도의 가르침 앞에 고개 숙이게 만들 수 있는가? 그분이 이제 더는 세상에서 활동하지 않으신다면(죽으셨다면 마땅히 그래야 하므로), 어떻게 산 사람들이 활동을 멈추게 하시고, 간음자들이 간음을 그만두게 하시며, 살인자가 살인을 멈추게 하시고, 불의한 자가 탐욕을 버리게 하시며, 하나님을 모독하는 불경한 자를 경건한 사람으로 만드신단 말인가? 그분이 부활하지 않고 여전히 죽은 상태라면, 불신자들이 살아 있다 여기는 거짓 신들을, 그리고 이들이 경배하는 악한 영들을 어떻게 내쫓고 추적하고 타도하신다는 말인가? 그리스도의 이름이 불리는 곳에서는 우상 숭배가 타파되고 악한 영들의 사기가 폭로되며, 그런 영들은 그 이름을 감당하지 못하고, 그 이름이 들리기만 해도 줄행랑을 치니 말이다. 이는 죽은 사람의 일이 아니라 살아 계신 분이 하는 일이다. 더 나아가, 이는 하나님이 하시는 일이다. 그분에게 쫓겨나는 악한 영들과 소멸당하는 우상들은 살아 있다 하고, 그들을 몰아내고 멸하시는 분, 악한 영들과 소멸당하는 우상들 스스로 하나님의 아들이라고 인정하는 분은 죽었다고 한다면 이는 터무니없는 말일 것이다.

#31

그래서 한마디로, 부활을 믿지 않는 자들은 자승자박에 빠진다. 이들이 죽었다고 여기는 그리스도를 이들의 신과 이들이 경배하는 악한 영들이 몰아내지 못한다면 말이다. 이 거짓 신들과 악한 영들이 죽었다는 것을 오히려 그리스도께서 깨우쳐주신다. 우리는 죽은 사람은 아무것도 할 수 없다는 사실에 동의한다. 하지만 구주께서는 날마다 강력하게 역사하사 사람들을 믿음으로 이끄시고, 덕행을 권유하시며, 영원히 죽지 아니함에 대해 가르치시고, 천상의 일들에 대해 갈망을 갖게 하시며, 아버지를 아는 지식을 계시하시고, 죽음 앞에서 힘을 불어 넣어 주시며, 각 사람에게 자신을 드러내시고, 우상의 불결함을 제거하신다. 불신자들이 믿는 거짓 신들과 악한 영들은 이런 일들을 전혀 하지 못하며, 오히려 그리스도의 임재 앞에서 죽게 되어, 모든 허세가 무익하고 헛된 것으로 드러난다. 이와 대조적으로, 믿음의 눈으로 땅에서 하늘을 바라볼 때, 십자가의 표로써 모든 마법은 중단되고, 모든 마술은 뒤죽박죽이 되며, 모든 우상은 포기되고 버려지며, 분별없는 쾌락도 모두 중단된다. 그렇다면, 우리는 어느 쪽을 일컬어 죽었다고 해야 하는가? 이 모든 일을 성취하신 그리스도를 죽었다고 해야 할까? 하지만 죽은 이는 그 무엇도 이뤄 낼 능력이 없다. 아니면 무엇이 되었든 전혀 성취하지 못한 채, 악한 영들과 우상들처럼 생명 없이 무력하게 누워 있는 죽음을 가리켜 죽었다고 해야 할까? 하나님의 아들, 곧 "살아 있고 활력이 있[는]"(히 4:12) 분은 날마다 활동하시면서 만인의 구원을 이뤄 내신다. 하지만 죽음은 모든 능력을 빼앗겼음을 날마다 입증하며, 죽은 이는 우상과 악한 영들이지 그분이 아니다. 그러므로 그분의 몸의 부활에 관해서는 의심의 여지가 없다.

사실, 주님의 몸이 이렇게 부활했음을 믿지 않는 자는 하나님의 말씀이시며 지혜이신 분의 권능에 대해 무지하다. 우리가 지금까지 증명했다시피, 그분이 친히 한 몸을 취하셨고, 자신의 목적을 추구하려고 이 몸을 자신의 몸으로 삼으셨다면, 주님이 이 몸으로 하고자 하신 일은 무엇이며, 말씀께서 강림하신 그 몸은 궁극적으로 무엇이 되어야 했는가? 그 몸은 필멸성을 지녔고 만인을 위해 죽음에 바쳐졌으므로, 죽을 수밖에 없었다. 실로 구주께서 자신을 위해 이 몸을 예비하셨음은 바로 그 목적을 위해서였다. 그러나 다른 한편으로 이 몸은 죽은 상태로 있을 수 없었다. 이 몸은 바로 생명의 성전이 되었기 때문이다. 그러므로 필멸성을 지닌 몸으로서 죽었지만, 그 안에 계신 생명 덕분에 이 몸은 다시 살아났다. 그리고 이 몸의 부활은 이 몸이 이룬 일을 통해 세상에 알려진다.

#32

실로, 보이지 않는 하나님의 속성에 어울리게 그분은 이렇게 자신이 한 일을 통해 알려지셔야 했다. 지금 자기 눈으로 주님을 보지 못한다고 해서 그분의 부활을 의심하는 자들은 자연법칙까지 의심할지 모른다. 주님이 해놓은 일이 없다면 이들의 의심에는 근거가 있다. 하지만 그분이 하신 일이 소리 높이 외치며 모든 진실을 이토록 명백히 입증하는데, 이렇게 오해의 여지가 없는 부활 생명을 이들은 왜 의도적으로 부인하는가? 설령 정신적 능력에 결함이 있다 해도 두 눈으로는 그리스도의 권능과 신성에 대한 반박할 수 없는 증거를 볼 수 있을 것이다.

눈먼 사람은 해를 볼 수 없지만, 해의 온기를 통해 땅 위에 해가 떠 있다는 것을 알 수 있다. 마찬가지로, 불신앙으로 눈먼 상태인 사람은 그리스도께서 다른 사람들 안에 나타내신 권능을 통해 그분의 신성과 그분이 성취하신 부활을 깨닫고 인정해야 할 것이다. 만약 그분이 죽으셨다면 악한 영들을 몰아낼 수 없었을 것이고 우상을 쳐부술 수 없었을 것이다. 악한 영들은 죽은 이의 명령은 따르지 않을 테니 말이다. 반면, 그분의 이름을 부르는 것만으로도 악한 영들이 쫓겨난다면, 그분은 죽으시지 않은 게 분명하다. 게다가 이 악한 영들은 인간이 보지 못하는 것도 지각하는 존재들이라, 그분이 죽으신 거라면 이를 알아차렸을 것이고 따라서 그분에게 순종하지 않았을 것이다. 그러나 사실은 그분을 모독하는 자가 무엇을 의심하는지 악한 영들은 알고 있다. 즉 그분이 하나님이라는 것을 말이다. 그리고 바로 그 이유로 악한 영들은 그분에게서 도망치며 그분 발 앞에 엎드려, 그분이 몸을 입고 계실 때 자신들이 했던 말을 외친다. "나는 당신이 누구인 줄 아노니 하나님의 거룩한 자니이다"(눅 4:34), "하나님의 아들 예수여 나와 당신이 무슨 상관이 있나이까 원하건대 …… 나를 괴롭히지 마옵소서"(막 5:7).

  악한 영들의 고백 및 그분이 하신 일이 날마다 증언하는 것에서 분명히 드러나는 사실이요, 누구도 감히 의심해서는 안

되는 사실은, 구주께서 자기 몸을 죽음에서 일으키셨고, 그분은 아버지의 말씀과 지혜와 권능으로서 아버지에게서 나신 참 하나님의 아들이시라는 것이다. 이 말세에 우리 모두의 구원을 위해 한 몸을 취하시고, 아버지에 관해 세상에 가르치신 분이 바로 그분이다. 죽음을 멸하시고 부활의 약속을 통해 값없이 우리에게 썩지 않음의 은혜를 베푸신 분이 바로 그분이며, 그 첫 열매로서 자신의 몸을 되살리셔서 죽음과 죽음에 따르는 부패를 이긴 승리의 기념물인 십자가의 표로써 이를 보여 주셨다.

6장
유대인을 논박함

#33

지금까지 우리 구주의 성육신을 다루었고, 그분의 몸이 부활했으며 그분이 죽음에 승리를 거두셨다는 명백한 증거를 찾아보았다. 이제 여기서 더 나아가, 이 동일한 사실에 대한 유대인들의 불신앙과 이방인들의 조롱을 각각 연구해 보자. 두 경우 모두 쟁점은 같아 보인다. 즉, 십자가도 그렇고 말씀이 인간이 되었다는 것도 그렇고 도무지 온당치 못하다, 혹은 안 어울린다는 것이다(이들에게 보이는 것처럼). 하지만 이런 반론을 제기하는 자들에 맞서 우리는 주저 없이 우리 주장을 펼치노니, 우리 쪽을 지지하는 증거들이 지극히 명백하기 때문이다.

그래서 첫째로 유대인을 생각해 보겠다. 이들의 불신앙은 이들 자신도 읽는 성경에서 논박된다. 첫 페이지에서부터 마지막 페이지까지 영감받은 이 책은 이 일들을 완전한 형태로도 가르치고 실제 논의로도 가르친다. 선지서는 "보라 처녀가 잉태하여 아들을 낳을 것이요 그의 이름을 임마누엘이라 하리라, 이는 '하나님이 우리와 함께하신다'는 뜻이라"(사 7:14. 개역개정 성경에는 "이는 '하나님이 우리와 함께하신다'는 뜻이라"가 없다_옮긴이)고 하면서 동정녀와 동정녀 탄생의 경이(驚異)를 예언했다. 그리고 유대인들이 그토록 절대적으로 신뢰하는 참으로 위대한 자 모세도 이 일의 중요성과 진실성을 인지했다. 그래서 모세는 이렇게 말한다. "한 별이 야곱에게서 나오며 한 규가 이스라엘에게서 일어나서 모압을 이쪽에서 저쪽까지 쳐서 무찌르고"(민 24:17). 그리고 또 이렇게 말한다. "야곱이여 네 장막들이, 이스라엘이여 네 거처들이 어찌 그리 아름다운고 그 벌어짐이 골짜기 같고 강가의 동산 같으며 여호와께서 심으신 침향목들 같고 물가의 백향목들 같도다 …… 그의 씨에서 한 사람이 나올 것이며, 그가 많은 사람을 다스리리라"(민 24:5-7. 개역개정 성경에서는 7절 상반절을 "그 물통에서는 물이 넘치겠고 그 씨는 많은 물가에 있으리로다"라고 번역했다_옮긴이). 이사야는 또 이렇게 말한다. "이는 이 아이가 내 아빠, 내 엄마라 부를 줄 알기 전에 다메섹의 권력(개역개정 성경에는 "다메섹의 재물"이라고 번역됨_옮긴이)과 사마리아의 노략

물이 앗수르 왕 앞에 옮겨질 것임이라 하시니라"(사 8:4). 이렇게 이 말씀들은 한 사람이 나타날 것을 예언한다. 그리고 더 나아가 성경은 오실 이가 만인의 주님이라고 선포한다. 그것이 바로 이 말씀이다. "보라 여호와께서 빠른 구름을 타고 애굽에 임하시리니 애굽의 우상들이 그 앞에서 떨겠고"(사 19:1). 그리고 역시 애굽으로부터 아버지께서 그분을 다시 부르시며 말씀하신다. "내가 …… 내 아들을 애굽에서 불러냈거늘"(호 11:1).

#34

게다가 성경은 그분의 죽음에 대해서까지도 침묵하지 않는다. 오히려 성경은 그분의 죽음을 지극히 명쾌하게 언급한다. 성경은 그 죽음의 원인에 대해 말하기를 망설이지 않는다. 그분이 죽음을 감당하심은 자기 자신을 위해서가 아니라 만인에게 썩지 않음과 구원을 안겨 주기 위해서였다고 성경은 말하며, 또한 그분을 해치려는 유대인들의 음모와 그분이 유대인들의 손에 당한 모욕에 대해서도 기록한다. 누구든 성경을 읽는 사람이라면 사실을 몰라서 그랬다고 자신의 오류에 대해 변명할 수 없을 것이 확실하다! 예를 들어 성경에는 이런 구절이 있다. "그는 멸시를 받아 사람들에게 버림받았으며 간고를 많이 겪었으며 질고를 아는 자라 마치 사람들이 그에게서 얼굴을 가리는 것같이 멸시를 당하였고 우리도 그를 귀히 여기지 아니하였도다 그는 실로 우리의 질고를 지고 우리의 슬픔을 당하였거늘 우리는 생각하기를 그는 징벌을 받아 하나님께 맞으며 고난을 당한다 하였노라 그가 찔림은 우리의 허물 때문이요 그가 상함은 우리의 죄악 때문이라 그가 징계를 받으므로 우리는 평화를 누리고 그가 채찍에 맞으므로 우리는 나음을 받았도다"(사 53:3-5). 오, 말씀이신 분의 인간을 향한 사랑에 경이로워하라! 우리를 위해 그분이 치욕을 당하심은, 그래야 우리가 존귀하게 될 것이기 때문이다. 성경은 계속해서 말한다. "우리는 다 양 같아서 그릇 행하여 각기 제 길로 갔거늘 여호와께서는 우리 모두의 죄악을 그에게 담당시키셨도다 그가 곤욕을 당하여 괴로울 때에도 그의 입을 열지 아니하였음이여 마치 도수장으로 끌려가는 어린양과 털 깎는 자 앞에서 잠잠한 양같이 그의 입을 열지 아니하였도다 그는 곤욕과 심문을 당하고 끌려갔으나"(사 53:6-8). 그리고 성경은 그분이 이렇게 고난당하시는 것을 보고 누군가가 그분을 그냥 평범한 인간으로 생각할 수도 있다는 것을 내다보고, 그분을 위해 어떤 권능이 작용했는지를 보여 준다. "그의 생명이 땅에서 높이 들리니 그가 어느 계보에서 오시는지 누가 밝히겠는가 백성들의 허물 때문에 그가 죽었으니 그의 장사됨 대신 내가 악인을 주겠고 그의 죽음 대신 내가 부자를 주리라 이는 그가 불법을 행하지 않았고 그의 입에는 거짓이 없었음이라 여호와께서 그를 고통에서 치료해 주실 것이다"(사 53:8-10. 칠십인역에서 사역_옮긴이).

#35

그분의 죽음에 대한 예언을 들었으니 이제 아마 십자가에 관해서는 어떤 암시가 있는지 알고 싶을 것이다. 십자가에 관한 암시도 침묵으로 그냥 넘어가지 않는다. 성결한 성경 기자들은 최대한 명백하게 이를 선언한다. 모세가 최초로 이를 예언하며, 그것도 아주 큰 소리로 이렇게 말한다. "네 생명이 위험에 처하고 주야로 두려워하며 네 생명을 확신할 수 없을 것이라"(신 28:66). 모세를 뒤이어 선지자들도 이를 증언한다. "나는 끌려서 도살당하러 가는 순한 어린양과 같으므로 그들이 나를 해하려고 꾀하기를 우리가 그 나무와 그의 양식(개역개정 성경에서는 "그 나무와 열매를"이라고 번역됨_옮긴이)을 함께 박멸하자 그를 살아 있는 자의 땅에서 끊어서 그의 이름이 다시 기억되지 못하게 하자 함을 내가 알지 못하였나이다"(렘 11:19). 또 이런 기록도 있다. "무리가 나를 둘러 내 수족을 찔렀나이다 그들이 내 모든 뼈를 헤아리나이다 그들이 내 겉옷을 나누며 속옷을 제비 뽑나이다"(시 22:16-18. 개역개정 성경에서는 17절이 "내가 내 모든 뼈를 셀 수 있나이다 그들이 나를 주목하여 보고"라고 번역됨_옮긴이). 이제 한 죽음이 높이 들렸으며 나무 위에서 일어나는 그 일은 다름 아니라 십자가의 죽음일 수 있다. 더 나아가, 손과 발이 찔리는 일은 십자가에서의 죽음에서만 있는 일이다. 게다가, 구주께서 인간들 사이에 거하셨기에 만방은 도처에서 하나님을 알기 시작했다. 그리고 이 역시 성경이 명백히 언급한다. "이새의 뿌리에서 한 싹이 나서 만민의 기치로 설 것이요 열방이 그에게 소망을 두리니"(사 11:10. 개역개정 성경에서는 "열방이 그에게로 돌아오리니"라고 번역됨_옮긴이).

이는 지금까지 일어난 일의 증거가 되는 몇 가지 예일 뿐이다. 사실은 성경 전체가 유대인들의 불신앙을 반박하는 내용으로 가득하다. 예를 들어, 의인과 거룩한 선지자와 족장 중에서 한 동정녀에게서만 그 몸이 태어났다고 성경에 기록된 사람이 누구인가? 아벨은 아담에게서, 에녹은 야렛에게서, 노아는 라멕에게서, 이삭은 아브라함에게서, 야곱은 이삭에게서 태어나지 않았는가? 유다는 야곱이 낳았고, 모세와 아론은 아므람이 낳지 않았는가? 사무엘은 엘가나의 아들이고, 다윗은 이새의 아들이고, 솔로몬은 다윗의 아들이며, 히스기야는 아하스의 아들, 요시야는 아몬의 아들, 이사야는 아모스의 아들, 예레미야는 힐기야의 아들, 에스겔은 부시의 아들이 아닌가? 이들 각 사람에게는 아버지가 있어 이들을 존재하게 하지 않았는가? 그렇다면 오로지 한 동정녀에게서만 태어난 이는 누구인가? 이는 선지자가 수없이 이야기한 표적(sign) 아닌가? 또한, 이 모든 사람 중 하늘의 별이 그 탄생을 세상에 알린 이가 누구인가? 모세가 태어났을 때 모세의 부모는 그를 숨겼다. 다윗은 이웃 사람들에게도 알려져 있지 않았으며, 위대한 사무엘도 다윗의 존재를 몰라서 이새에게 아들이 또 있느냐고 물을 정도였다. 아브라함도 태어난 후에야 이웃에게 위대한 사람으로 알려지게 되었다. 하지만 그리스도의 경우에는 그렇지 않았다. 그분의 탄생에 대한 증인은 사람이 아니라 하늘에서 빛나는 별이었고 바로 그 하늘에서 그분이 내려오고 계셨다.

#36

또한, 세상에 존재했던 왕들 중 아버지나 어머니를 부를 만한 힘이 생기기도 전에 원수들을 다스리고 그들에게서 전리품을 취한 왕이 누구인가? 다윗은 왕위에 올랐을 때 서른 살이었고 솔로몬은 청년이 되어서야 통치를 시작하지 않았는가? 요아스는 일곱 살 때 왕위에 올랐고 요시야도 얼마 뒤 비슷한 나이에 왕이 되었으며, 두 사람 모두 그 무렵에는 충분히 아버지나 어머니를 부를 수 있지 않았는가? 그렇다면, 거의 태어나기도 전에 원수들을 다스리고 결딴낸 왕은 누구인가? 이 일을 살펴본 유대인이라면, 이스라엘이나 유다에 그런 왕이 있었는지 말해 보라. 과연 어떤 왕에게 모든 나라가 소망을 두고 그 왕 안에서 평강을 누렸는가? 어떤 왕이든 오히려 모든 나라가 모든 면에서 적의를 품지 않았는가! 예루살렘이 존재하는 동안에는 이들 사이에 전쟁이 끊이지 않았고, 이들 모두 이스라엘을 대적해 싸웠다. 앗수르는 이스라엘을 압제했고, 애굽은 이스라엘을 박해했으며, 바벨론은 이들을 침략했다. 기이한 이야기지만 이스라엘의 이웃인 수리아도 이들과 전쟁을 벌였다. 그리고 다윗은 모압과 싸우고 수리아를 쳤으며, 히스기야는 산헤립의 자랑 앞에서 기가 죽지 않았는가? 아말렉은 모세에게 싸움을 걸었고 아모리 족속은 모세를 대적했으며, 여리고 거민은 눈의 아들 여호수아에 맞서 전열을 가다듬지 않았는가? 나라들은 늘 이스라엘을 무자비한 적의로 대하지 않았는가? 그렇다면 열방이 소망을 둔 이가 과연 누구인지 연구해 볼 만한 가치가 있다. 그런 이가 분명 있을 것이다. 선지자가 거짓말을 할 리는 없으니 말이다. 하지만 거룩한 선지자들이나 초기 족장들 중 과연 누가 만인의 구원을 위해 십자가에서 죽었는가? 그들 중 만인의 치유를 위해 상처 입고 죽임당한 이가 있는가? 어떤 의인 혹은 왕이 애굽에 임했을 때 애굽의 우상이 그 앞에 쓰러졌는가? 아브라함이 애굽에 간 것은 확실하지만, 그래도 우상 숭배는 여전히 편만했다. 모세가 애굽에서 태어나기는 했지만, 그릇된 예배 관행은 달라지지 않았다.

#37

또한, 성경에 기록된 사람 중 손과 발이 찔렸거나 나무에 달린 사람, 만인 구원을 위해 십자가에서 자기 삶을 마친 사람이 있는가? 아브라함은 아니다. 그는 자기 침상에서 죽었으니 말이다. 이삭과 야곱도 마찬가지다. 모세와 아론은 산에서 죽었고, 다윗은 그를 대적하는 그 누구의 음모도 없이 자기 집에서 마지막을 맞았다. 사울이 다윗의 목숨을 노린 것은 맞지만, 다윗은 아무 해도 입지 않고 목숨을 보전했다. 이사야는 톱으로 몸이 잘려 죽었지만 나무에 달리지는 않았다. 예레미야는 치욕스런 대접을 받았지만 정죄당해 죽지는 않았다. 에스겔도 고난을 당하기는 했지만 백성을 대신해서가 아니라 앞으로 일어날 일을 백성에게 알리기 위해서였다. 더 나아가, 이 모든 이는 고난당했을 때도 다른 사람들과 다를 바 없는 인간이었다. 하지만 성경이 만인을 위해 고난당하리라고 선포한 분은 그저 인간이 아니라 만유의 생명이라고 불리신다. 실제로는 그분이 인간의 본성을 우리와 공유하셨지만 말이다. 성경은 "네 생명이 위험에 처[할]"(신 28:66) 것이라고 말하며, "그가 어느 계보에서 오시는지 누가 밝히겠느냐"(사 53:8)고 말한다. 우리는 모든 성도의 가계(家系)를 태초에서부터 추적할 수 있으며, 각 사람이 어떻게 해서 이 땅에 존재하게 되었는지 정확히 알 수 있다. 하지만 성경은 생명이신 분의 계보는 우리가 단언할 수 없다고 주장한다. 그렇다면, 성경이 그렇게 말하는 그분은 누구인가? 누가 그렇게 위대한 분이기에 선지자들이 그분에 대해 그렇게 엄청난 일들을 예언하는가? 만인의 구주, 하나님의 말씀, 우리 주 예수 그리스도 외에는 사실 성경에 그런 존재가 없다. 그분이 바로 동정녀에게서 나셔서 이 땅에 인간으로 나타나신 분이며, 그분이 바로 이 땅의 계보를 밝혀낼 수 없는 분이다. 오직 그분만이 인간 아버지에게서가 아니라 한 동정녀에게서 몸을 받으셨기 때문이다. 우리는 다윗과 모세와 모든 족장의 부계(父系) 혈통은 다 추적할 수 있다. 그러나 구주의 경우에는 그렇게 할 수 없다. 그분이 친히 하늘의 별로 하여금 자신의 몸의 탄생을 알리게 하셨으니 말이다. 말씀께서 하늘에서 내려오셨으므로 하늘에도 징조가 있는 것이 마땅했고, 피조물의 왕이 오셨기에 온 세상이 가시적으로 이를 알아차리는 게 합당했다. 그분은 실제로 유대 땅에서 태어나셨지만, 바사(페르시아)에서 사람들이 그분을 경배하러 왔다. 그분은 몸으로 이 땅에 나타나시기 전부터 원수 귀신들에게 승리를 거두시고 우상을 숭배하는 자들에게서 전리품을 얻은 분이다. 즉, 모든 지역의 모든 이교도가 조상의 전통과 우상을 섬기는 그릇된 예배를 공공연히 다 버렸고, 이제 그리스도께 소망을 두고 충성의 대상을 그분으로 바꾸고 있다. 이 일은 여기 애굽에서, 바로 우리 눈앞에서 벌어지고 있다. 그리고 이리하여 또 하나의 예언이 성취되는데, 애굽 사람들이 그릇된 예배를 중단한 경우는 만인의 주님이 몸을 입고 구름을 탄 듯 이곳으로 오셔서 우상의 기만을 무(無)로 돌리시고 만인을 자신에게로 데려오시고 또 자신을 통해 아버지께로 데려오셨을 때 말고는 없었다. 해와 달을 증인 삼아 십자가에 달리신 분이 바로 그분이다. 그분의 죽음으로 구원이 만인에게 임했고, 모든 피조물이 속량되었다. 그분은 만물의 주님이며, 양처럼 자기 몸을 죽음에 내어 주시고 우리의 생명과 우리의 구원을 위해 자기 생명을 내어 주신 분이 바로 그분이다.

#38

그런데 유대인들은 이를 믿지 않는다. 이 논증은 그들을 만족시키지 못한다. 자, 그렇다면 유대인들 자신의 계시 가운데 있는 다른 내용으로 그들을 설득해 보자. 예를 들어, 선지자들의 이 말은 누구를 두고 하는 말인가? "나는 나를 구하지 아니하던 자에게 나타난 바 되었으며 나를 찾지 아니하던 자에게 찾아냄이 되었으며 내 이름을 부르지 아니하던 나라에 내가 여기 있노라 내가 여기 있노라 하였노라 내가 종일 손을 펴서 자기 생각을 따라 옳지 않은 길을 걸어가는 패역한 백성들을 불렀나니"(사 65:1, 2. 개역개정 성경에서는 1절이 "나는 나를 구하지 아니하던 자에게 물음을 받았으며"라고 시작된다_옮긴이). 여기서 나타난 바 된 이가 누구냐고 유대인들에게 질문해 볼 수 있다. 선지자가 자기 자신에 대해 말하고 있는 것이라 한다면, 그가 처음에 어떻게 감춰졌는지를 설명해야 할 것이다. 나중에 나타나려면 먼저 감춰졌어야 하니 말이다. 또한 이 선지자는 어떤 부류의 사람이기에 감춰졌다가 드러날 뿐만 아니라 십자가에서 두 손을 펼치기까지 한단 말인가? 그 어떤 의인에게도 이런 일은 일어나지 않았다. 이런 일은 오로지 하나님의 말씀이신 분에게만 일어났으며, 그분은 본디 몸을 가지지 않은 분이었지만 우리 때문에 한 몸으로 나타나셔서 우리 모두를 위해 고난당하셨다. 이렇게까지 설명했는데도 충분하지 않다면, 이 유대인들을 침묵시킬 수 있는 또 다른 압도적 증거가 있다. 성경은 이렇게 말한다. "너희는 약한 손을 강하게 하며 떨리는 무릎을 굳게 하며 겁내는 자들에게 이르기를 굳세어라, 두려워하지 말라, 보라 너희 하나님이 오사 보복하시며 갚아 주실 것이라 하나님이 오사 너희를 구하시리라 하라 그때에 맹인의 눈이 밝을 것이며 못 듣는 사람의 귀가 열릴 것이며 그때에 저는 자는 사슴같이 뛸 것이며 말 못하는 자의 혀는 노래하리니"(사 35:3-6). 유대인들은 이 말씀에 대해서는 뭐라고 할 수 있을까? 아니, 도대체 이 말씀을 어떻게 정면으로 들여다볼 수 있을까? 이 예언은 하나님이 여기 거하실 것이라고 선언할 뿐만 아니라 그분의 강림의 징조와 때를 알리고 있으니 말이다. 하나님이 오시면 맹인이 앞을 보게 되고, 다리를 저는 사람은 걸을 것이며, 못 듣는 사람은 들을 것이고, 말 못하는 사람은 또렷이 말을 할 수 있을 것이라고 한다. 유대인들은 이스라엘에 이런 징조가 언제 있었는지, 아니 이런 종류의 일이 유대인 사회에 일어나기는 했었는지 말해 줄 수 있을까? 나병 환자 나아만의 병이 깨끗케 된 것은 사실이지만, 못 듣는 사람이 듣게 되거나 다리 저는 사람이 걸었던 적은 없다. 엘리야는 죽은 사람을 소생시켰고, 엘리사도 그러했다. 하지만 날 때부터 앞을 못 보는 사람이 시력을 받은 적은 없다.

죽은 사람을 일으킨 것은 정말 엄청난 일이지만, 구주께서 하신 것만은 못하다. 성경이 나병 환자와 과부의 죽은 아들에 관해 침묵하지 않으므로, 다리 저는 사람이 걷고 앞을 못 보는 사람의 눈이 밝아진 일이 있었다면 분명 이 일 또한 성경에 언급되었을 것이다. 그런데 성경이 이런 예에 관해 아무 말도 하지 않았다는 것은 이런 일이 한 번도 일어난 적이 없었음을 증명한다. 그러므로 하나님의 말씀이신 분이 친히 몸을 입고 오시지 않은 한 이런 일이 언제 일어났겠는가? 그분이 오셨을 때 다리 저는 사람이 걷고 말 못하는 사람이 또박또박 말을 하고 날 때부터 눈먼 사람이 앞을 보게 된 것 아닌가? 이런 광경을 직접 목격한 유대인은 이런 일이 전에는 한 번도 일어난 적이 없었다는 사실을 증언했다. 이들은 "창세 이후로 맹인으로 난 자의 눈을 뜨게 하였다 함을 듣지 못하였으니 이 사람이 하나님께로부터 오지 아니하였으면 아무 일도 할 수 없으리이다"(요 9:32, 33)라고 말했다.

#39

하지만 이들은 명백한 사실에 맞서 싸우지 못할 것이 분명하다. 그래서 이들은 성경에 기록된 내용을 부인하지 않으면서,

자신들은 이런 일들이 일어나기를 아직도 기다리고 있다고, 하나님의 말씀이신 분은 아직 오지 않았다고 주장할 것이다. 그것이 이들의 입장을 반박하는 모든 증거에도 불구하고 이들이 지극히 뻔뻔스럽게 늘 되뇌는 주제다. 하지만 이 가장 중요한 사항에서 이들은 다른 어떤 사항에서보다 더 분명히 논박당할 것이며, 그것도 우리가 아니라 가장 지혜로운 다니엘이 논박할 것이다. 다니엘은 구주께서 우리 가운데 신적으로 머무시리라는 것은 물론 실제 오실 날짜까지 알려 주니 말이다. "네 백성과 네 거룩한 성을 위하여 일흔 이레를 기한으로 정하였나니 허물이 그치며 죄가 끝나며 죄악이 용서되며 영원한 의가 드러나며 환상과 예언이 응하며 또 지극히 거룩한 이가 기름 부음을 받으리라 그러므로 너는 깨달아 알지니라 예루살렘을 중건하라는* 영이 날 때부터 기름 부음을 받은 자 곧 왕이 일어나기까지 ……"(단 9:24, 25). 다른 예언과 관련해서는 핑곗거리를 찾아내어 이 예언들이 언급하는 미래의 한 때를 뒤로 미룰 수 있겠지만, 다니엘이 한 예언에 대해서는 뭐라고 말할 수 있을까? 이들이 이 예언을 직시할 수는 있을까? 이 예언은 기름 부음 받은 자, 즉 그리스도를 명시적으로 언급할 뿐만 아니라, 기

---

* 칠십인역 성경은 "복구하다"(restore)라는 뜻의 히브리어를 "응답하다"(answer)라고 잘못 번역함.

름 부음 받을 분이 단순히 인간이 아니라 지극히 거룩한 분이기도 하다고 선포하기까지 한다! 또한 그분이 오실 때까지 예루살렘이 서 있어야 하며, 그 후에는 이스라엘에서 예언과 환상이 그칠 것이라고 말한다! 다윗은 과거에 기름 부음 받은 자였고, 솔로몬과 히스기야도 그러했다. 하지만 그때는 예루살렘과 그 건물이 있었고, 선지자들은 예언 활동을 했으니, 갓과 아삽과 나단이 있었고, 나중에는 이사야와 호세아와 아모스 등이 있었다. 게다가, 그때도 기름 부음 받은 사람들을 일컬어 거룩하다고 했지만, 그 누구도 "지극히 거룩한 이"라고 불리지는 않았다. 유대인들이 바벨론 포로 시대를 들이대며 이 때문에 그때 예루살렘이 존재하지 않았다고 발뺌해 봤자 역시 소용없을 것이니, 선지자들에 대해서는 뭐라고 할 것인가? 바벨론 포로 생활이 시작될 때 다니엘과 예레미야가 거기 있었고, 에스겔과 학개와 스가랴도 예언 활동을 한 것이 사실이다.

#40

이렇게 유대인들은 허구에 빠져 있다. 그리고 문제의 그 시간, 이들이 자꾸 미래로 미루고 있는 그 시간은 사실 이미 임했다. 이스라엘에서 예언과 환상이 그친 때는 언제인가? 그리스도,

곧 지극히 거룩한 분이 오신 때가 아닌가? 사실 예루살렘이 더는 존재하지 않고 선지자가 더는 일어나지 않고 환상도 이들 중에 더 나타나지 않는다는 것은 말씀이신 분의 강림을 알리는 표징이자 주목할 만한 증거다. 그리고 이는 당연한 일이었다. 오시리라고 암시된 그분이 오셨으면 이제 더는 그분을 암시할 필요가 없지 않은가? 진리이신 분이 오셨는데 그 진리의 그림자가 왜 더 필요했겠는가? 선지자들이 예언을 계속한 것은 오직 그분 때문이었다. 참 의(Righteousness)이신 그분이 오셔서 만인의 죄를 위해 속전(贖錢)이 되어 주신 때까지 말이다. 같은 이유로 예루살렘은 그때까지 존속했으며, 이는 진리이신 분이 세상에 알려지기 전 그분이 어떤 분일지 그곳에서 사람들이 미리 묵상할 수도 있도록 하기 위해서였다. 물론 지극히 거룩하신 분이 일단 오시자 환상과 예언은 봉인되었다. 그와 동시에 예루살렘의 왕정도 끝났다. 왜냐하면 왕들이 기름 부음 받는 것은 지극히 거룩하신 분이 기름 부음 받을 때까지만이었기 때문이다. 모세도 유다 왕국이 그분이 오실 때까지 지속되리라고 예언한다. "규가 유다를 떠나지 아니하며 통치자의 지팡이가 그 발 사이에서 떠나지 아니하기를 실로가 오시기까지 이르리니"(창 49:10). 그리고 그것이 바로 구주 자신이 "모든 선지자와 율법이 예언한 것은 요한까지"(마 11:13)라고 늘 선언하신 이유다. 유대인들에게 아직도 왕이나 선지자나 환상이 있다면 그리스도께서 오셨음을 부인해도 좋을 것이다. 하지만 왕도 환상도 없다면, 그리고 그 이후 모든 예언이 봉인되고 도성과 성전을 빼앗겼다면, 유대인들은 어떻게 이 모든 일을 일으키신 그리스도를 부인할 만큼 그렇게 불경건할 수 있고, 어떻게 그렇게 사실을 무시할 수 있는가? 게다가 이들은 이교도들이 우상을 버리는 것, 그리고 그리스도를 통해 이스라엘의 하나님에게 소망을 두는 것을 목격한다. 그런데도 왜 이들은 육신을 따라서 이새의 뿌리에서 나와 이후 왕으로 다스리시는 그리스도를 부인하는 것일까? 물론, 이교도들이 다른 어떤 신을 예배하고, 아브라함과 이삭과 야곱과 모세의 하나님을 믿는다고 고백하지 않는다면, 하나님이 오시지 않았다고 주장해도 좋을 것이다. 하지만 이교도들이 모세에게 율법을 주시고 아브라함에게 약속을 주신 바로 그 하나님을 존귀히 여긴다면, 유대인들은 왜 그분의 말씀까지 욕되게 하면서 성경이 예언한 주님이 세상에 빛을 발하시며 몸을 입은 모습으로 세상에 나타나셨다는 사실을 인식하지 못하는가? 아니, 그보다 그 사실을 애써 안 보려 하는가? 성경은 이 사실을 거듭 선포한다. "여호와 하나님이 우리에게 나타나셨도다"(시 118:27. 개역개정 성경에는 "여호와는 하나님이시라 그가 우리에게 빛을 비추셨으니"라고 번역됨_옮긴이). "그가 그의 말씀을 보내어 그들을 고치시고"(시 107:20). "사자도, 천사도 아닌 여호와께서 친히 그들을 구원하셨으며"(사 63:9, 개역개정 성경에는 "자기 앞의 사자로 하여금 그들을 구원하시며"라고 번역됨_옮긴이). 유대인들은 제정신이 아닌 사람처럼 앓고 있으니, 이 사람은 해가 땅을 밝히는 것을 보면서도 땅을 밝히는 해를 부정한다! 유대인들이 기대하는 분은 이 땅에 오셔서 무엇을 더해야 할까? 이교도들을 불러야 할까? 하지만 이들은 이미 부름받았다. 선지자와 왕과 환상을 종식시켜야 할까? 이 또한 이미 일어난 일이다. 우상이 하나님을 부인한다는 사실을 폭로해야 할까? 이 사실은 이미 드러나서 정죄받았다. 아니면 죽음을 멸해야 할까? 죽음은 이미 멸망당했다. 그리스도께서 빠뜨리신 일이 무엇인가? 아직 성취되지 않은 일이 무엇이기에 유대인들은 그토록 아무렇지도 않게 안 믿을 수 있을까? 말하다시피, 이제 유대인들에게는 왕도, 선지자도, 예루살렘도, 희생 제사도, 환상도 없다는 것이 분명한 사실이다. 온 세상은 하나님을 아는 지식으로 가득하며, 이방인들은 무신론을 버리고 말씀이신 우리 주 예수 그리스도를 통해 아브라함의 하나님에게 몸을 맡기고 있다.

그러므로 그리스도께서 오셨다는 사실, 그분이 도처에서 모든 인간을 깨우쳐 주시며 자신의 아버지에 관해 참되고 신적인 가르침을 주신다는 사실이 지극히 뻔뻔스러운 사람에게까지도 명백히 보일 것이 틀림없다.

이렇게 이 사실을 비롯해 성경에서 볼 수 있는 다른 여러 주장으로 유대인을 논박할 수 있다.

7장
이방인을 논박함 I

#41

이제 이방인들의 불신앙에 대해 이야기할 순서가 되었다. 실로 이는 완전히 경악할 만한 일이다. 이들이 조롱거리가 되어서는 안 되는 일은 조롱하면서, 자기들 우상의 수치와 우스꽝스러움은 보지 못하니 말이다. 이에 비해 우리 쪽 주장은 비중 있는 증거가 충분하다. 그래서 이제 타당성 있는 근거 위에서, 주로 우리 자신이 확인하는 논거를 바탕으로 이방인들 또한 논박해 보겠다.

무엇보다 먼저, 우리 신앙에 터무니없거나 우스꽝스러운 부분이 무엇인가? 우리가 말씀께서 몸으로 나타나셨다고 말한다는 것뿐인가? 좋다. 이들이 정말로 진리를 사랑한다면 우리의 그 말에는 터무니없는 부분이 전혀 없다는 점에 우리와 의견이 일치할 것이다. 이들이 만약 하나님의 말씀(a Word of God)이 계시다는 것을 부인한다면, 이는 이상한 일일 것이다. 자신들이 알지도 못하는 것을 조롱하는 셈이니 말이다. 하지만 이들이 하나님의 말씀(a Word of God)이 계시다는 것을, 그분이 만물의 주관자라는 것을, 그분 안에서 아버지께서 피조물을 만드셨다는 것을, 그분의 섭리로써 온 세상이 빛과 생명과 존재를 받는다는 것을, 그분이 만유의 왕이시며, 그래서 그분은 자신의 섭리로 이룬 일에 의해 세상에 알려지며 또 그분을 통해 아버지가 알려지신다는 것을 믿고 고백한다고 가정해 보라. 이들이 이 모든 것을 믿고 고백한다고 가정해 보라. 그러면 어떻게 되는가? 이는 자기도 모르는 사이에 자기 자신을 조롱하는 것 아닌가? 헬라의 철학자들은 우주가 하나의 큰 몸이라고 말하는데, 이는 맞는 말이다. 우리는 우주와 우주의 각 부분을 우리 감각의 대상으로 보기 때문이다. 그런데 하나의 몸인 우주에 그 하나님의 말씀(the Word of God)이 계시다면, 또한 우주 전체와 각 부분으로 들어오셨다면, 그분이 인간 안으로도 들어오셨다는 우리의 말에 놀랍거나 적절치 못한 부분이 무엇인가? 한 몸으로 들어와 자신을 구체적으로 보여 주시는 것이 그분에게 말이 안 되는 일이라면, 그분이 우주 안으로 들어오신 것도,

그리고 자신의 섭리로써 만물에 빛과 움직임을 주시는 것도 그분에게 말이 안 되는 일일 것이다. 앞에서 말했다시피 우주는 그 자체가 하나의 몸이기 때문이다. 하지만 그분이 우주로 들어와 우주를 통해 자신을 드러내신 것이 합당하고 적절한 일이라면, 인간이 다른 모든 것과 함께 우주의 일부이기 때문에, 그분이 인간의 몸으로 나타나시며 그 몸에 빛을 비추시고 그 몸을 통해 일하시는 것도 그에 못지않게 적절하다. 그리고 인간은 우주의 한 부분인데 그 한 부분이 그분의 신성을 인간에게 계시하는 도구로 쓰이는 것이 잘못이라면, 온 우주까지 다 동원되어서 그분이 그렇게 계시되어야 한다는 것은 훨씬 큰 잘못일 것이다!

#42

유사한 경우를 생각해 보자. 사람의 인격이 그 사람의 온몸을 움직이고 활기 있게 한다. 어떤 사람이 말하기를, 사람의 힘이 발끝에 있는 것은 적절치 않다고 한다면 그 사람은 어리석은 자로 여겨질 것이다. 사람이 자기 몸 전체에 스며들어 그 몸을 움직인다는 것은 인정하면서 발끝이라는 부분에 있는 그 사람의 존재는 부인했기 때문이다. 마찬가지로, 우주 전체에 하나님의 말씀께서 임재하심을 인정하는 사람이라면 어느 단일한 인간의 몸이 그분에 의해 활성화되고 일깨움받는 것이 적절치 않다고 생각해서는 안 된다.

하지만 이들은 인간이 피조물이고 무(無)에서 존재하게 되었기 때문에 구주께서 우리 인간 안에서 나타나는 게 적절하지 않다고 여기는 것일까? 만약 그렇다면, 이제 이들은 그분을 창조 세상에서도 몰아내야 할 것이다. 피조 세상 또한 말씀이신 그분에 의해 무(無)로부터 존재하게 되었으니 말이다. 그러나 반대로, 창조 세상이 비록 만들어진 것이기는 해도 말씀께서 그 안에 존재하시는 게 부적절하지 않다면, 그분이 인간 안에 계시는 것도 부적절하지 않다. 앞에서 말했다시피, 인간은 창조 세상의 일부다. 그리고 창조 세상 전체에 적용되는 추론은 그 창조 세상의 일부에도 적용된다. 만물은 말씀이신 분에게서 빛과 움직임과 생명을 얻는다. 이방인 작가들 자신이 "우리가 그를 힘입어 살며 기동하며 존재하느니라"(행 17:28)고 말하다시피 말이다. 그렇다면 아주 잘됐다. 사실이 그러하다면, 말씀께서 인간 안에 거하시는 것은 결코 부적절하지 않다. 말하다시피, 말씀께서 인간의 몸 안에 거하시면서 그 몸을 자신을 나타내시는 수단으로 쓰셨기로서니 그것이 뭐 그리 우스꽝스러운가? 그분이 몸 안에 계시지 않았다면 그 몸을 쓰실 수 없었을 것이다. 하지만 우리는 그분이 전체 안에도 계시고 부분 안에도 계시다는 것을 이미 인정했다. 그렇다면, 자신이 거하시는 몸을 통해 자신을 계시하신다는 사실에 믿을 수 없는 부분이 무엇인가? 그분은 자신의 권능으로써 각각의 부분과 전체 안으로 완전히 들어오셔서, 아낌없이 만물에 질서를 세우신다. 만일 뜻하기만 하셨다면 해나 달이나 하늘이나 땅이나 불이나 물을 수단으로 자신과 아버지를 계시하실 수도 있었을 것이다. 만약 그렇게 하셨다면, 누구도 그분이 어울리지 않게 행동하셨다고 말할 수 없었을 것이다. 그분은 만물을 단번에 하나로 유지하시며, 전체뿐만 아니라 각각의 특정한 부분에도 임재하시면서 비가시적으로 자신을 계시하시기 때문이다. 사실이 이러하고, 또한 그분이 인간을 통해 자신을 계시하기로 하셨고, 인간은 전체의 한 부분이기에, 그분이 인간의 몸을 이용해 아버지의 진리와 아버지를 아는 지식을 나타내신 것에는 전혀 우스꽝스러운 게 있을 수 없다. 인간의 정신(mind)은 인간의 전 존재에 스며들어 있지만, 그러면서도 어느 한 부분, 즉 혀를 통해서 표현되지 않는가? 이를 두고 정신이 스스로 격을 떨어뜨렸다고 말하는 사람이 있는가? 물론 없다. 그렇다면, 만물에 스며 계신 말씀께서 인간의 한 몸을 통해 나타나시는 것 또한 격이 떨어지는 일이 아니다. 앞에서 말했다시피 그분이 이렇게 만물의 한 부분에 내주시는 것이 적절치 못하다면 전체 안에 존재하시는 것 또한 부적절할 테니 말이다.

#43

그러면 어떤 사람들은 이렇게 물을 수도 있다. 왜 한낱 인간이 아니라 피조물 중에서 더 고상한 다른 부분, 이를 테면 해나 달이나 별, 혹은 불이나 공기 같은 더 고상한 수단을 써서 자신을 계시하지 않으셨느냐고 말이다. 답변은 이렇다. 주님은 과시를 하려고 세상에 오시지 않았다. 그분은 고통 중에 있는 인간을 치유하고 가르치려고 오셨다. 무언가를 과시하려는 이는 그저 보는 사람 앞에 나타나 그를 현혹시키고자 할 것이다. 하지만 치유하고 가르치고자 하는 분의 방식은 단순히 이 땅에 거하시는 것이 아니라 자신을 필요로 하는 사람들의 손에 자신을 맡기시고, 그 사람들이 받아들일 수 있는 역량을 초과하심으로써 신적 현현(顯現)의 가치를 떨어뜨리는 일이 없도록 이들이 감당할 수 있을 만큼 자신을 계시하시는 것이었다.

더 나아가, 피조물 중 하나님이 피조물을 위해 목적하신 길에서 벗어난 것은 오직 인간 말고는 없다. 해, 달, 하늘, 별, 물, 공기, 이런 것들 중 그 어느 것도 자신들에게 정해진 질서에서 벗어나지 않았으며, 오히려 말씀이신 분을 자신의 창조주요, 왕으로 알고 본디 창조된 대로 머물렀다. 오직 인간만이 선한 것을 거부하며, 진리 대신 아무것도 아닌 것을 고안해 냈고, 하나님에게만 돌려져야 할 존귀와 하나님에 관한 지식을 돌로 만든 귀신과 인간의 형상에게 돌렸다. 하나님의 선함은 이처럼 심각한 문제를 간과할 수 없었을 것이 분명하다. 하지만 인간은 그분이 창조 세상 전체를 질서 있게 하시고 다스리고 계심에도 그분을 인식할 수 없었다. 그러니 그분은 어찌하셔야 하는가? 그분은 전체의 한 부분, 즉 인간의 몸을 도구로 취하시어 그 몸으로 들어가셨다. 이렇게 하심은, 인간이 전체 안에 계신 그분을 알아보지 못하기에 부분 안에 계신 것은 확실히 알아볼 수 있게 하며, 보이지 않는 그분의 능력을 눈 들어 바라보지 못하는 인간이 자신들과 같은 모습으로 계신 그분을 알아보고 바라볼 수 있게 하기 위해서였다. 인간인 이들은 자신들의 몸과 일치하는 한 몸을 수단으로, 그리고 그 몸을 통해 이뤄지는 신적 역사를 수단으로, 좀 더 신속하고 직접적으로 그분의 아버지를 아는 법을 자연스럽게 배울 수 있을 터였다. 또한 그분이 하신 일을 자신들이 하는 일과 비교해 봄으로써 이들은 그분이 인간이 아니라 신이라는 것을 분별할 수 있을 터였다. 또한 이들이 말하다시피, 말씀께서 몸의 행위를 통해 자신을 계시하시는 것이 적절치 못하다면, 우주의 일을 통해 자신을 계시하시는 것 또한 마찬가지일 터였다. 그분이 창조 세계 안에 계신다는 것은 그분이 그 창조 세계의 성질을 공유하신다는 뜻이 아니다. 오히려 모든 피조물이 그분의 권능에 참여한다. 마찬가지로, 그분이 몸을 도구로 사용하시기는 했지만, 몸의 결점은 전혀 공유하지 않으셨으며* 오히려 자신의 내주하심으로써 몸을 성결하게 하셨다. 헬라인들이 그토록 칭송하는 플라톤도 말하기를, 우주를 지은 이는 우주가 폭풍우에 시달리며 붕괴 상태로 가라앉을 위험에 있다고 보고, 우주의 생명력을 책임지는 곳에 자리 잡고 앉아 모든 것을 구조하고 바로잡는다고 하지 않았는가? 그렇다면, 말씀이신 분이 길을 잃은 인류에게로 강림하셔서 인간으로 모습을 나타내셨으며, 그리하여 자신의 고유한 선함과 조타 능력으로 인류를 폭풍우에서 구원하시고자 한다는 말에 믿을 수 없는 부분이 무엇인가?

#44

하지만 자신들의 반론이 쓸모없다는 사실에 동의하기가 창피

---

* 문자적 의미는 "그분이 몸의 일들은 그 무엇도 공유하지 않았다"이다.

한 헬라인들은 또 다른 반론을 제기하려 할 것이다. 이들은 하나님이 인류를 교훈하고 구원하고자 하신다면 자신의 말씀이 인간의 몸을 입게 할 것이 아니라 처음에 인간을 창조하셨을 때처럼 그저 자신의 뜻을 표시하는 방식으로 하실 수도 있었을 것이라고 말한다. 이 반론에 분별 있게 답변하자면, 두 경우의 정황이 아주 다르다는 것이다. 태초에는 아직 아무것도 존재하지 않았다. 그러므로 만물이 존재하도록 하기 위해 필요한 것은, 그렇게 하고자 하시는 그분의 뜻이 표시되는 것뿐이었다. 하지만 일단 인간이 존재하게 되고, 존재하지 않는 것이 아니라 존재하는 것들이 치유될 필요가 생기자, 존재하는 악을 치유하기 위해 당연히 치유자이자, 구주께서 이미 존재하는 것들과 한편이 되셔야 했다. 그런 이유로 그분은 인간이 되셨고, 자기 몸을 인간에게 흔히 있는 도구(human instrument)로 쓰셨다. 이것이 적절한 방법이 아니라면, 도구를 쓰고자 하신 말씀께서 달리 어떤 방식으로 이 땅에 오셔야 했다는 말인가? 이미 존재하고 있으면서 자신들과 똑같은 존재를 통해 그분의 신성을 필요로 하는 자들에게서가 아니라면 어디에서 자신의 도구를 구하실 수 있다는 말인가? 구원을 필요로 하는 것은 존재하지 않는 것들이 아니었다. 존재하지 않는 것들을 위해서는 그저 "있으라"는 말 한마디면 충분하겠지만, 인간은 이미 존재하고 있었고 이미 부패하고 파멸해 가는 과정에 있었다. 그러므로 말씀께서 인간에게 흔히 있는 도구를 사용하신 것, 그리고 그 수단으로써 만물에게 자신을 나타내 보이신 것은 당연하고도 옳았다.

또한 이미 시작된 부패는 몸의 외부의 부패가 아니라 내면에 확실히 자리 잡은 부패였다는 것을 알아야 한다. 그러므로 부패가 차지하고 있는 자리에 생명이 단단히 달라붙어야 했으며, 그래야 죽음이 몸 안에 존재하게 된 것처럼 생명 또한 몸 안에서 발생할 수 있었다. 죽음이 몸의 외부에 있었다면, 생명도 외부에 있어야 마땅했을 것이다. 그러나 죽음이 몸 안에 있어, 몸의 참 본질로 엮여 들어가 마치 몸과 완전히 하나인 양 몸을 지배한다면, 생명이 죽음 대신 몸 안으로 엮여 들어가야 했으며, 그리하여 이렇게 스스로 생명을 입은 몸이 부패를 내던져 버릴 수 있어야 했다. 말씀께서 몸 안이 아니라 몸 외부로 오셨다고 가정해도 물론 그분은 죽음을 물리치셨을 것이다. 왜냐하면 죽음은 생명 앞에서 무력하기 때문이다. 하지만, 그럼에도 몸 안에 내재한 부패는 여전히 남았을 것이다. 그러므로 당연히 구주께서는 자신을 위해 한 몸을 취하셨으며, 말하자면 이는 생명과 함께 엮인 몸이 더는 죽음에 속박된 필멸의 일로 남지 않고, 불멸성을 입고 죽음에서 일어나 이후로도 여전히 불멸하는 것으로 남도록 하기 위해서였다. 왜냐하면 몸이 일단 부패하면, 부패 대신 생명을 입기 전에는 소생할 수 없었기 때문이다. 게다가, 죽음은 본질상 몸 아닌 다른 어떤 것에서는 나타날 수 없었다. 그러므로 그분은 몸을 입으셨고, 그리하여 몸 안에서 죽음을 발견해서 섬멸하고자 하셨다. 그리고 사실, 죽음에 매인 것에게 생명을 주지 않으셨다면 주님이 어떻게 생명으로 입증될 수 있었겠는가? 예를 들어 보자. 그루터기는 본래 불에 타 없어질 수 있는 물질이다. 설사 불이 닿지 않아 실제로 타지는 않는다 해도, 그루터기는 여전히 그루터기로 남아 이를 태워 없앨 수 있는 자연적 성질을 지닌 불의 위협을 두려워할 것이다. 그런데 단순히 불을 가까이 하지 않는 게 아니라 누군가가 그루터기를 내화성이 있다고 알려진 석면으로 흠뻑 적셔 놓는다고 가정해 보라. 그러면 이제 그루터기는 불을 두려워하지 않을 것이다. 불이 닿을 수 없는 물질을 입었고, 그래서 안전하기 때문이다. 몸과 죽음에 대해서도 마찬가지다. 죽음이 단순한 명령에 의해 몸에서 멀리 떨어져 있다 해도, 몸은 그 본질을 따라 여전히 필멸성과 썩는 성질을 지닐 것이다. 이를 막기 위해서 몸은 비육체적인 하나님의 말씀을 입으며, 그리하여 이제 죽음도 두려워하지 않고 부패도 두려워하지 않는다. 이는 몸이 마치 옷을 입는 것처럼 생명을 입었고, 그래서 이제 몸 안에서 부패가 완전히 일소되었기 때문이다.

#45

하나님의 말씀께서는 몸에 생명을 불어넣으려고 이렇게 한 몸을 취하시어 인간에게 흔한 도구를 사용하심으로써 모순이 없게 행동하셨다. 자신의 창조물의 다른 부분들을 통해 일하실 뿐만 아니라 이와 조화되게 인간을 통해서도 일하심으로 모든 곳에 자신을 계시하셨으며, 그리하여 자신의 신성과 자신을 아는 지식이 결여된 곳이 없게 하셨다. 이제 앞에서 했던 말을 요약하자면, 구주께서 이 일을 하심은 온 세상 만물이 구주의 임재로 이미 충만한 것처럼 구주를 아는 지식으로도 충만케 하시기 위해서였으며, 이에 대해서는 성경도 이렇게 말한다. "여호와를 아는 지식이 세상에 충만할 것임이니라"(사 11:9). 하늘을 올려다보면 그분이 하늘을 질서 있게 운행하시는 것을 볼 수 있다. 하지만 하늘 높이만큼 눈을 들지 못하고 인간만 바라본다 해도, 그분이 하시는 일들을 통해 인간의 힘과 비교할 수 없는 그분의 권능을 보게 되고, 인간 중에서 오직 그분만이 말씀이신 하나님이라는 것을 그 일들을 보고 알게 된다. 혹 귀신들 틈에서 길을 잃고 귀신을 두려워하는 상태일지라도, 그분이 귀신들을 몰아내시는 것을 보게 될 것이며 그리하여 실로 그분이 귀신들을 지배하는 분임을 분별하게 된다. 또한, 어떤 사람이 물이라는 원소에 깊이 몰두해, 애굽 사람들이 물을 숭배하는 것처럼 물이 하나님이라고 생각한다 해도, 그분이 물의 본질까지도 변화시키는 것을 보고 주님이 만물의 창조주라는 사실을 알게 될 것이다. 어떤 사람이 음부(陰府)까지 내려가, 그곳에 와 있는 영웅들 앞에서 경외감에 사로잡혀 이들을 신으로 여긴다 해도, 그리스도의 부활과 그분이 죽음과 겨루어 승리하신 사실을 보게 될 것이고, 이 모든 일 중에서도 바로 이 사실로부터 오직 그분만이 참 주님이며 하나님이라고 추론할 수 있을 것이다.

주님은 창조 세계의 모든 부분에 간섭하셨고, 그리하여 그 모든 부분을 모든 기만에서 자유롭게 해주시고 속아 넘어가지 않게 해주셨다. 사도 바울이 말하다시피, "통치자들과 권세들을 무력화하여 드러내어 구경거리로 삼으시고 십자가로 그들을 이기셨[으며]"(골 2:15), 그리하여 누구도 더는 속아 넘어갈 수 없게 하시고, 모든 곳에서 하나님의 참된 말씀이 발견될 수 있도록 하셨다. 이렇게 인간은 사방으로 창조 작품에 에워싸여 있고, 하늘과 음부와 사람들 사이에서와 땅 위에서 등 어느 곳에서나 그 말씀의 신성이 전개되는 것을 보기에, 하나님과 관련해 더는 속아 넘어가지 않으며, 오히려 그리스도만을 경배하고, 그분을 통해 아버지를 올바로 알게 된다.

이렇게 이성과 원리의 근거 위에서 우리는 이방인들도 완전히 입을 다물게 만들 것이다. 하지만 이런 논증도 자신들을 논박하기에 불충분하다고 생각한다면, 다음 장에서 사실에 근거해 우리의 논점을 계속 입증해 보겠다.

8장
이방인을 논박함 II

#46

하나님의 참된 말씀께서 인간 중에 오신 이후를 제외하면, 사람들이 언제 우상 경배를 포기하기 시작했는가? 구주께서 이 땅에 자신을 계시하신 이후가 아니라면, 헬라인들 중에서와 다른 모든 곳에서 신탁(神託)이 그치고 무익해진 것이 언제인가? 주님이 죽음의 전리품을 획득하시고 자신이 취한 몸을 썩지 않게 보존하사 죽은 자 중에서 일으키신 때를 제외하면, 시인들이 말하는 신과 영웅이 한낱 필멸의 존재들로 여겨지기 시작한 것이 언제인가? 또는 말씀이시며, 하나님의 능력이시며, 이 모든 것의 창조주이신 분이 인간의 연약함 때문에 자신을 낮추사 이 땅에 나타나신 때가 아니라면, 귀신들의 기만과 미친 짓이 멸시의 대상이 된 것이 언제인가? 거룩하신 말씀께서 인간에게 현현하셨을 때가 아니라면, 마술 관습과 이론이 언제 사람들의 발길에 걷어 차이기 시작했는가? 한마디로, 참 하나님의 지혜이신 분이 이 땅에 자신을 나타내신 때가 아니면 헬라인들의 지혜가 언제 어리석어졌는가? 옛적에는 온 세상과 그 세상 속의 모든 곳이 다 우상 숭배에 미혹되었고, 인간은 우상을 세상에 존재하는 유일한 신으로 생각했다. 하지만 이제 세계 전역에서 인간은 우상에 대한 두려움을 버리고 그리스도께 몸을 맡기고 있다. 그리고 그분을 하나님으로 경배함으로써 그분을 통해 아버지 또한 알게 되니, 전에 이들은 아버지를 알지 못했다. 그리고 더욱 놀라운 일이 있다. 과거에는 예배 대상이 다양하고도 셀 수 없이 많았다. 곳곳마다 고유의 우상이 있어서, 어느 한 곳에서 신이라 불리는 것이 다른 곳으로 넘어가 그곳 사람들에게 자기를 예배하라고 권유하지는 못했으며, 겨우 자기 사람들에게나 섬김받을 뿐이었다. 실로 그러했다! 누구도 자기 이웃 사람의 신을 경배하지는 않았으며, 누구에게나 자기 고유의 우상이 있었고 그 우상을 모든 신 중 으뜸으로 여겼다. 하지만 이제 그리스도만이 모든 곳의 모든 사람 사이에서 한 분이자 동일한 분으로 경배받는다. 그리고 우상은 능력이 없어 하지 못하던 일, 즉 가까이에 사는 사람들까지 설득해서 믿게 만드는 일을 그분은 하셨다. 그분은 가까이 있는 사람들뿐만 아니라, 말 그대로 온 세상 사람들을 설득해 한 분의 동일한 주님을 경배하게 하셨고 자신을 통해 아버지를 경배하게 하셨다.

#47

또한, 과거에는 도처에 신탁의 사기가 가득했고, 델피와 도르도나와 보이오티아와 루기아와 붓(리비아)과 애굽에서 받는 신탁, 그리고 카비리의 신탁과 델피의 아볼로(아폴로) 신전 여사제의 신탁은 사람들의 상상 속에서 경이롭게 여겨졌다. 하지만 이제 그리스도께서 모든 곳에서 선포되어 온 이후, 신탁의 광기 또한 그쳤고, 저들 중에는 신탁을 줄 사람이 하나도 남지 않았다. 또한 과거에는 귀신들이 샘이나 강이나 나무 혹은 바위에 거처를 잡고 순박한 사람들에게 사기를 치면서 인간의 생각을 기만하곤 했다. 하지만 이제 말씀께서 신적으로 현현하신 이후 이 모든 환영(幻影)은 그쳤다. 십자가라는 표가 있었기에 어떤 사람이 이것을 사용하려고만 하면 귀신들의 속임수를 몰아낼 수 있다. 또한, 사람들은 시인들이 언급하는 자들, 즉 제우스와 크로노스와 아볼로와 영웅들을 신으로 여기면서 이들을 숭배하느라 길을 잃곤 했다. 하지만 이제 구주께서 사람들 중에 나타나신 이후, 이런 자들은 반드시 죽을 수밖에 없는 한낱 인간일 뿐임이 드러났고, 오직 그리스도만이 참 하나님, 하나님의 말씀으로, 하나님 자신으로 인식되고 있다. 그렇다면 사람들이 그토록 경이롭게 여기는 마술에 관해서는 뭐라고 말해야 할까? 말씀께서 이 땅에 머무시기 전, 마술은 애굽과 갈대아와 인도 사람들 사이에 강한 영향을 끼치며 흥왕했고, 이를 보는 사람들을 공포와 경악에 휩싸이게 만들었다. 하지만 진리가 강림하고 말씀이 현현함에 따라 이 또한 논박되고 철저히 파괴되었다. 하지만 헬라인들의 지혜와 철학자들의 떠들썩한 공론에 관해 말하자면, 사실 나는 누구도 우리에게 논증을 요구할 수 없다고 생각한다. 헬라의 지혜자들이 남긴 그 수많은 글에도 불구하고, 이들은 생명의 불멸성과 고결한 삶에 관해 자기 이웃 몇 사람조차 설득하지 못했다는 놀라운 사실이 누가 봐도 명백하니 말이다. 그리스도께서만이 평범한 이야기로, 비록 자기 언어에 뛰어나지 못한 사람일지라도 바로 그 대행자를 통해, 죽음을 멸시하고, 죽지 않는 것들을 마음에 두며, 시간과 함께 지나갈 것들은 그냥 보아 넘기라고, 영원한 것들에 시선을 고정하고, 이 땅의 영광이 걸린 일들은 생각하지 말고, 오직 불멸만을 갈망하라고 온 세상의 모든 교회 사람들을 권유해 오셨다.

#48

우리의 이런 주장은 단순한 논쟁이 아니다. 이는 실제 경험으로 증명된다. 원한다면 누구든 볼 수 있다. 그리스도의 신부로서 평생 처녀로 사는 이들에게서, 거룩한 순결을 실천하며 사는 젊은 남자들에게서, 그리고 그토록 숭고하고 아름다운 순교자 무리의* 불멸에 대한 확신에서 나타나는 큰 기쁨의 증거를 말이다. 또한 누구든 우리가 지금까지 이야기한 것을 또 다른 방식으로 경험의 시험대에 올릴 수 있다. 귀신들의 속임수와 신탁을 전하는 사람들의 사기와 마술의 신기한 일들 앞에서, 이들 모두가 조롱하는 십자가 성호를 긋고 그저 그리스도의 이름을 말해 보라. 그러면 그분으로 인해 귀신들이 줄행랑을 치고, 신탁이 그치고, 모든 마술과 마법이 좌절되는 광경을 보게 될 것이다.

그렇다면 이 그리스도는 어떤 분이고 얼마나 크신 분이기에 자신의 이름과 임재로써 도처의 모든 것을 무색하게 만들고 논파하며, 홀로 강하여 모든 것을 대적하시고 온 세상을 자신의 가르침으로 충만하게 하시는 것일까? 그분을 마음껏, 혹은 부끄러운 줄도 모르고 조롱하는 헬라인들이 대답해야 할 것이

---

* 문자적 의미는 "그토록 엄청난 합창단(chorus)..." 헬라어 'χορός'의 정확한 의미는 춤추는 사람과 노래하는 사람의 무리.

다. 그분이 인간이라면, 어떻게 한 인간이 신을 자처하는 모든 존재보다 강하다고 입증될 수 있으며, 자신의 능력으로써 그 존재들이 아무것도 아님을 저들에게 증명할 수 있을까? 만약 그분을 마술사라고 한다면, 마술사가 마법을 더 강력하게 만들기는커녕 오히려 모든 마술을 다 무효로 만드는 것은 어찌된 일인가? 만약 그분이 특정 마술사들을 이겼거나 어느 한 마술사에 비해서만 뛰어남을 입증했다면, 그저 좀 더 대단한 기술로써 다른 마술사들을 능가한 것이라 생각해도 타당했을 것이다. 그러나 실제는 그분의 십자가가 모든 마술을 완전히 이겼고 마술이라는 이름까지 타파했다. 그러므로 구주께서는 마술사가 아닌 것이 분명하다. 마술사들이 불러내는 바로 그 귀신들이 그분을 자신들의 주인으로 알고 도망치니 말이다. 그렇다면, 그분은 누구인가? 진지하게 추구하는 일이라고는 조롱뿐인 헬라인들이 대답해야 한다! 아마 이들은 그분 역시 귀신이라고 말할 것이며, 그것이 바로 그분이 우세한 이유라고 할 것이다. 설령 그렇다 하더라도 유리한 쪽은 우리 편이다. 전과 동일한 증거로 이들을 논박할 수 있으니 말이다. 귀신을 쫓아내는 분이 어떻게 귀신일 수 있는가? 그분이 특정 귀신만 쫓아내신 것이라면, 그분을 모욕하고 싶어 하는 유대인들의 말처럼, 그분이 귀신의 왕의 권세를 통해 졸개 귀신들을 이긴 것이라 생각해도 타당했을 것이다. 하지만 이 경우에도 실상은 그저 그분의 이름을 부르는 것만으로도 귀신들의 모든 미친 짓이 다 근절되어 쫓겨났다는 것이기에, 이번에도 헬라인들의 생각이 틀렸고, 우리의 주님이요 구주이신 그리스도는 이들의 주장처럼 어떤 악마적 권세가 아님이 분명하다.

　이렇게 구주께서 한낱 인간이나 마술사가 아니고 귀신 중의 하나도 아니며, 자신의 신성으로 시인들의 의견과 귀신들의 기만과 헬라인들의 지혜를 논파하고 무색케 하실진대, 그분은 실로 하나님의 아들이요, 아버지의 실존하는 말씀과 지혜와 권능이시라는 사실이 명백해질 것이며 만인이 그렇게 시인할 것이다. 이것이 바로 그분이 하시는 일이 본래적으로든 여타 인간의 일과 비교해 볼 때든, 한낱 인간의 일이 아니라 인간을 초월한 일이요, 참으로 하나님의 일로 인정되는 이유다.

#49

예를 들어, 세상에 살았던 사람 중 동정녀에게서 스스로 한 몸을 형성해 낸 사람이 있었는가? 어떤 사람이 만인의 주님처럼 그렇게 많은 질병을 고치셨는가? 인간이 본래 가지고 있어야 할 것이 결핍되었을 때 이를 회복시킨 이, 혹은 날 때부터 앞을 못 보는 사람이 눈을 뜰 수 있게 해준 이가 누구인가? 아스클레피우스(Aesculapius)가 헬라인들에게 신으로 추앙받은 것은 의술을 시행했고 몸의 병을 치료하는 약초를 발견했기 때문인데, 물론 땅에서 직접 약초를 만들어 낸 것이 아니라 자연을 연구해서 약초를 찾아낸 것이다. 하지만 이것을 구주께서 하신 일, 즉 단순히 상처를 치료한 것이 아니라 본질적 존재를 만드시고, 만드신 것에 건강을 회복시키신 일과 비교할 수 있겠는가? 또한 헤르쿨레스(Hercules)가 헬라인들에게 신으로 경배받는 것은 다른 인간들과 맞서 싸웠고 교묘한 술책으로 사나운 짐승들을 죽였기 때문이다. 하지만 이것이 말씀께서 하신 일, 즉 인간에게서 질병과 귀신을 몰아내고 심지어 죽음 자체를 몰아내신 일과 비교가 되겠는가? 디오니수스(Dionysus)가 헬라인들 사이에서 숭배받는 것은 인간에게 술 취함을 가르쳤기 때문이다. 하지만 이들은 만인의 참 구주요, 주님, 인간에게 절제를 가르치신 분을 조소한다.

하지만 이 점에 대해서는 이쯤 이야기해 두는 것으로 충분하다. 헬라인들은 그분의 신성이 일으킨 다른 경이로운 일들에 대해서는 뭐라고 말할까? 과연 어떤 사람이 죽었을 때 해가 어두워지고 땅이 흔들렸는가? 저런, 지금 이 순간까지도 인간은 죽어 가고 있고, 그 일이 있기 전에도 인간은 죽어 갔다. 인간에게 그런 경이로운 일이 일어난 경우가 있는가? 이제 그분이 이 땅에서 몸으로 행하신 일은 건너뛰고 부활 후 행하신 일을 언급해 볼까? 어느 곳 어느 때든 어떤 인간의 가르침이 이 땅의 한쪽 끝에서 다른 쪽 끝까지 하나의 동일한 가르침으로 도처에서 항상 우세하여, 그에 대한 경배가 온 땅에 널리 퍼진 적이 있는가? 또한 이들의 말처럼 만약 그리스도가 말씀이신 하나님이 아니라 인간일 뿐이라면, 헬라인의 신들은 왜 그분이 자기들 영역으로 들어오는 것을 막지 않는가? 아니, 어째서 우리 가운데 거하시는 말씀께서 오히려 자신의 가르침으로 그 신들에 대한 숭배를 끝장내고 그들의 속임수에 수치를 안기는가?

#50

그분이 이 땅에 오시기 전, 세상에는 왕도 많았고 폭군도 많았으며, 역사는 갈대아와 애굽과 인도에 현자(賢者)와 마술사도 많았다고 기록한다. 그런데 이들 중, 사후가 아니라 생전에 온 세상을 자신의 가르침으로 가득 채울 만큼 널리 사람들을 설복시킬 수 있었던 사람, 우리 구주께서 우상에게서 불러내 자신에게 돌아오게 하셨던 것만큼 수많은 무리를 우상에 대한 소심한 두려움에서 구해 낸 사람이 누구인가? 헬라 철학자들은 설득력 있고 아주 능숙한 솜씨로 많은 말을 지어냈다. 하지만 그리스도의 십자가만큼의 결실을 보여 준 게 무엇인가? 이들의 지혜로운 사상은 이들이 세상을 떠날 때까지 충분히 설득력 있었다. 그러나 제법 영향력 있는 듯했던 이들은 살아 있는 동안에도 서로 팽팽하게 경쟁했다. 이들은 한 무리이면서도 서로 시샘하는 사이였고 그래서 서로를 맹렬히 공격다. 하지만 하나님의 말씀께서는 기이하기 짝이 없는 역설과 저들에 비해 그리 대단치 않은 언변의 가르침으로, 까다롭기 그지없는 철학자들을 무색하게 만드셨고, 저들의 가르침을 논파하고 모든 사람을 자신에게로 끌어당기셔서 자신의 교회를 채우셨다. 또 놀라운 일은, 인간으로서 죽음에까지 내려가심으로써 우상에 관한 현자(賢者)들의 과장된 발언을 모두 논파하셨다는 것이다. 그리스도의 죽음 외에 일찍이 누구의 죽음이 귀신들을 몰아냈는가? 그리스도의 죽음만큼 귀신들이 두려워한 죽음이 있었는가? 구주의 이름이 불리는 곳에서는 모든 귀신이 쫓겨난다. 또한, 인간을 본능적 욕망에서 자유롭게 해주어 간음자를 정숙하게 만들고 살인자가 더는 검을 휘두르지 않게 하고 소심한 겁쟁이였던 사람을 용감한 사나이로 만들어 준 이가 일찍이 있었는가? 한마디로, 도처의 야만인과 이교도를 설득해 미친 짓을 버리고 화평을 유념하게 만든 것이 그리스도를 믿는 믿음과 십자가의 표 아니면 무엇인가? 그리스도의 십자가와 그분의 몸의 부활만큼 인간에게 불멸에 대한 확실한 믿음을 준 것이 또 무엇이 있는가? 헬라인들은 온갖 종류의 거짓된 이야기를 했지만, 자신들이 섬기는 우상이 죽음에서 소생했다고는 감히 말할 수 없었다. 어떤 몸이라도 죽음 후에 다시 존재할 수 있다는 생각은 아예 머리에 떠올릴 수가 없었기 때문이다. 그리고 특히 바로 이 지점에서 그리스도의 십자가와 부활 이야기에 귀 기울이려 하는 사람도 있었을 것이다. 왜냐하면 십자가와 부활에 관한 이런저런 의견으로써 자신들이 섬기는 우상의 약점을 스스로 드러냈고, 그와 동시에 그리스도의 몸의 부활 가능성을 시인했으며, 그리하여 이를 바탕으로 모두가 그분을 하나님의 아들로 알아보았을 수도 있기 때문이다.

#51

또한, 인간 중에서 사후에든 생전에든 순결(virginity)에 관해 가르쳤으며 이것이 인간에게 불가능한 덕목은 아니라고 여긴 사람이 있는가? 그리스도 우리 주이자 만인의 왕께서는 이 주제에 관해 아주 효력 있는 가르침을 주셨기에 법적으로 아직 성년에 이르지 않은 어린아이들까지도 법을 초월해 순결을 서약

한다. 그리고 일찍이 인간 중에 만인의 주님이요, 하나님의 권능이신 우리 주 예수 그리스도처럼 스구디아인과 구스인, 혹은 바대인이나 아르메니아인 혹은 히르카니아 너머에 산다고 하는 사람들, 심지어 애굽인과 갈대아인, 마술에 유념하며 자연적 본능 이상으로 귀신에 대한 두려움에 사로잡혀 미개한 습관을 가진 사람들의 마음까지 꿰뚫어 보고, 덕행과 절제에 관해 설교하고 우상 숭배를 대적하는 설교를 한 사람이 있는가? 그분은 자신의 제자들을 통해 설교하셨을 뿐만 아니라 인간의 오성(悟性)에 매우 설득력 있게 역사하셨기에 이들은 미개한 습관을 거부하며 조상들이 섬기던 신을 버리고 그분을 아는 법을 배웠고 그분을 통해 아버지를 경배하는 법을 배웠다. 헬라인과 야만인은 아직 우상 숭배자들일 때에도 늘 서로 전쟁을 벌였고, 심지어 자기 일가친척에게도 무자비했다. 이렇게 서로 화해할 수 없는 다툼을 벌였기 때문에, 육지든 바다든 검으로 무장하지 않으면 누구도 길을 갈 수 없었다. 실로 이들의 인생길은 시종 무기와 함께하는 길이었고, 이들은 지팡이 대신 검을 들고 다녔으며 긴급 상황 때마다 검을 의지했다. 앞에서 말했다시피, 내내 이들은 우상을 섬기며 귀신에게 제물을 바치고, 이런 우상 숭배에 수반되는 그 모든 미신적 두려움 때문에 그 무엇으로도 이들에게서 호전적 태도를 근절시킬 수 없었다. 그러나 신기하게도 그리스도의 가르침으로 나아오면 그때부터 이들은 진실한 양심의 가책으로 마음이 움직여 살인자의 잔혹함도 버리게 되고 전쟁 생각도 더는 하지 않는다. 도리어 이들 사이에서는 모든 것이 평화롭고, 서로 우애를 나누려는 바람 외에는 아무것도 남지 않는다.

#52

그렇다면, 이런 일들을 행하시고 서로를 미워하던 사람들을 화평하게 연합시킨 이 분은 사랑하는 아버지의 아들, 만인 모두의 구주 예수 그리스도, 곧 우리의 구원을 위해 자신의 사랑으로 모든 일을 겪어 내신 분이 아니면 누구겠는가? 게다가, 그 분이 베푸실 이 화평은 태초부터 예언되었으니, 성경은 이렇게 말한다. "무리가 그들의 칼을 쳐서 보습을 만들고 그들의 창을 쳐서 낫을 만들 것이며 이 나라와 저 나라가 다시는 칼을 들고 서로 치지 아니하며 다시는 전쟁을 연습하지 아니하리라"(사 2:4). 또한 이는 믿을 수 없는 일이 결코 아니다. 이 시대의 야만인들은 당연히 습관이 미개하며, 우상에게 제사하는 한 이들은 서로를 상대로 사납게 날뛰며 무기가 없이는 단 한 시간도 견디지 못한다. 그러나 그리스도의 가르침을 듣는 순간, 이들은 곧 싸움을 버리고 농사를 지으며, 검으로 무장하는 게 아니라 손을 뻗어 기도를 한다. 한마디로, 이들은 자기들끼리 싸우지 않고, 그 대신 마귀와 귀신에 맞서 무기를 들며, 절제와 영혼의 고결함으로 마귀와 귀신을 제압한다. 이런 사실들이 구주의 신성을 입증하는 증거니, 그분은 우상에게서는 절대 배울 수 없는 것을 인간에게 가르치셨다. 또한 이는 귀신과 우상의 연약함과 무가치함을 적지 않게 폭로해 주니, 귀신들이 자꾸 인간끼리 싸우게 만드는 이유는 자신들 스스로의 약점을 알기 때문이다. 즉, 인간이 만일 상호 다툼을 그치면 방향을 돌려 귀신들 자신을 공격할까 두려운 것이다. 실제로 그리스도의 제자들은 자기들끼리 싸우는 게 아니라 고결한 습관과 행동으로 진용(陣容)을 갖추고 귀신들을 대적하며 쫓아내고 대장 마귀를 조롱한다. 그리스도의 제자들은 젊을 때에도 순결하고, 시험의 시기를 인내하며 고생을 참고 견딘다. 모욕을 당할 때는 참아내고, 강탈을 당해도 심각하게 여기지 않으며, 놀라운 점은 죽음 자체도 중대하게 여기지 않고 그리스도를 위해 순교자가 된다는 것이다.

#53

그리고 구주의 신성에 대한 또 다른 증거가 있으니, 실로 지극히 놀라운 증거다. 한낱 인간이나 마술사 혹은 폭군이나 왕이 혼자서 그처럼 많은 일을 할 수 있었던 경우가 있는가? 우상 숭배의 전 체계와 온갖 귀신의 무리, 모든 마술과 헬라인들의 온갖 지혜가 강하고 융성하여 모든 사람을 현혹하고 있던 시기에 우리 주님, 곧 하나님의 참된 말씀께서 하셨던 것처럼 이에 맞서 싸운 사람이 있었는가? 그분은 지금까지도 눈에 보이지 않게 모든 인간의 오류를 드러내시고, 혼자 힘으로 모든 사람을 그 모든 오류에서 이끌어 내셔서 우상을 섬기던 사람들이 이제는 그 우상들을 발로 밟아 버리고, 유명 마술사들이 자기 책을 불태워 버리며, 현자(賢者)들은 모든 학문보다 복음을 해석하기를 더 좋아하게 만드신다. 이들은 전에 숭배했던 것들을 버리고, 십자가에 달렸다고 조롱하던 그리스도를 하나님으로 예배하고 고백한다. 이들의 이른바 신들은 십자가의 표에 의해 쫓겨 달아나고, 십자가에 달리셨던 구주께서는 하나님이요, 하나님의 아들로 온 세상에 선포된다. 게다가, 헬라인들 사이에서 숭배되던 신들은 이제 수치스러운 존재들이라고 헬라인들 사이에서 악평을 받고 있으니, 그리스도의 가르침을 받아들인 사람들이 그 신들보다 고상한 삶을 살기 때문이다. 이런 일을 비롯해 이와 비슷한 일들이 만일 인간이 한 일이라면, 누구든 과거에 인간이 이와 비슷한 일을 한 적이 있는지 입증해서 우리를 납득시켜 주기 바란다. 하지만 그 일들이 인간이 한 일이 아니라 하나님이 하신 일로 드러난다면, 그리고 실제로 그러할진대, 불신자들은 어째서 그런 일들을 이루신 주님을 알아보지 못할 정도로 그렇게 불경한 것일까? 이들은 창조의 일을 통해 창조주 하나님을 알아보지 못하는 사람처럼 고통받고 있다. 이들이 온 우주에 편만한 그분의 권능을 통해 그분의 신성을 알아보았다면, 그리스도께서 몸으로 이루신 일이 인간의 일이 아니라 만인의 구주요, 하나님의 말씀이신 분의 일이라는 것 또한 알아보았을 것이다. 그리고 이를 알아보았다면, 바울이 말하는 것처럼 "영광의 주를 십자가에 못 박지 아니하였[을]"(고전 2:8) 것이다.

#54

하나님은 본래 비가시적인 분이며 눈에 보일 수 없는 분이지만, 그래도 하나님을 보고자 하는 이들은 이렇게 그분이 하신 일을 통해 하나님을 인식하여 알 수 있다. 따라서 오성(悟性)으로 그리스도를 보지 못하는 사람은 적어도 그분이 몸으로 하신 일을 생각해 보고 그 일이 인간이 한 일인지 하나님이 하신 일인지 판단해 보게 하라. 그 사람이 그 일을 인간이 한 일로 판단한다면, 비웃게 하라. 그러나 하나님이 하신 일로 판단한다면, 비웃어서는 안 되는 일을 비웃게 놔두지 말고, 신적인 일이 그런 변변찮은 수단을 통해 우리에게 계시되었고, 죽음을 통해 불멸이 우리에게 알려졌으며, 말씀의 성육신을 통해 그분의 보편적 섭리가 선포된 것은 물론 그 섭리를 행하시는 분이자 제정하신 분인 하나님의 말씀 자신도 선포되었다는 사실과 그 경이(驚異)를 인식하게 하라. 실로 그분은 인성을 취하사 우리가 하나님을 닮은 자가 될 수 있도록 하셨다. 그분은 한 몸을 수단으로 해서 자신을 나타내사 우리가 보이지 않는 아버지의 생각을 알 수 있도록 하셨다. 그분은 인간에게서 욕을 당하사 우리가 불멸을 기업으로 받을 수 있도록 하셨다. 그분 자신은 이 일로 해를 받지 않으셨으니, 그분은 고통을 느낄 수 없으며 썩지 않는 분이기 때문이다. 하지만 고통을 느끼지 않는 그 속성으로써 그분은 고통당하는 인간을 지키고 보존하셨으며, 그렇게 해서 그들을 위해 이 모든 일을 감당하셨다. 한마디로, 구주께서 이루신 그 모든 일 곧 성육신에서 빚어진 갖가지 결과는 이루 다 헤아릴 수가 없어서, 이를 세려고 하는 것은 넓은 바다를 바라보며 파도를 세려고 하는 것과 비슷하다. 사람의 눈으로는 바다의 파도를 다 볼 수 없다. 파도를 보려고 하는 순간, 뒤이어 오는 파도가 시각을 훼방하기 때문이다. 마찬가지로, 그리스도께서 몸으로 이루신 일을 모두 알고자 해도 이는 불가능한 일이다. 그 일들을 하나하나 헤아려서 합산한다 해도 마찬가지다. 사람의 생각을 초월하는 일이 사람이 깨달았다고 여기는 일보다 늘 더 많기 때문이다.

그러므로, 우리는 그분이 하신 일의 일부분에 대해서도 제대로 말하지 못하기에, 전체적으로 그 일에 대해서는 말하지 않는 편이 더 낫다. 그래서 한 가지만 더 언급하고 그 나머지는 경이의 영역으로 남겨 두겠다. 사실은 이 일에 관한 한 모든 것이 다 경이로우며, 어느 쪽으로 시선을 돌리든 말씀의 신성을 볼 수 있고 경외감에 사로잡힐 수 있다.

#55

우리가 지금까지 이야기한 내용은 다음과 같이 요약할 수 있다. 구주께서 우리 가운데 거하려고 오신 이후, 우상 숭배가 더는 늘어나지 않을 뿐만 아니라 오히려 줄어들어서 점차 그쳐 가고 있다. 마찬가지로, 헬라인들의 지혜도 이제 더는 아무 진보가 없으며 그나마 있던 지혜도 사라져 가고 있다. 그리고 귀신들은 이제 속임수와 신탁과 마술로 사람들을 속이지 못하며, 계속 그렇게 하려고 애를 써도 십자가의 표로써 수치만 당할 뿐이다. 또한, 우상 숭배를 비롯해 그리스도를 믿는 믿음에 대적하는 다른 모든 것이 하루하루 줄어들고 힘이 약해지고 무너져 내린다. 보라, 구주의 가르침은 도처에서 늘어가고 있다! 그러니 '만물 위에 계신' 강하신 구주, 말씀이신 하나님을 경배하고, 그분에게 패배하여 사라져 가는 것들은 정죄하라. 해가 뜨면 어둠이 더는 힘을 쓰지 못한다. 어느 곳에든 어둠이 조금이라도 남아 있다면 다 쫓겨난다. 이렇게 말씀이신 하나님의 신적(神的) 현현이 발생한 지금, 우상의 어둠은 더는 힘을 쓰지 못하며, 동서남북으로 세상 구석구석이 그분의 가르침으로 밝아진다. 마찬가지로, 나라를 다스리는 왕이 자기 집 안에만 칩거하며 모습을 드러내지 않을 경우, 무법한 녀석들이 이 틈을 이용해 왕 대신 자기 존재를 드러내는 일이 자주 일어난다. 왕권과 유사한 권위를 부여받은 자는 왕인 척하면서 순박한 사람들을 현혹시키며, 사람들은 왕궁에 들어와서 진짜 왕을 볼 방법이 없기 때문에 왕의 이름이 불리는 것을 듣기만 하면서 미혹당하고 만다. 하지만 진짜 왕이 집에서 나와 모습을 드러내면 상황이 달라진다. 왕을 참칭한 무법자들은 왕이 출현함에 따라 정체가 드러나고, 진짜 왕을 본 사람들은 전에 자신들을 잘못

인도한 자들을 버린다. 마찬가지로, 귀신들도 전에는 사람을 기만하면서 하나님에게 합당한 존귀를 자신들에게 돌리곤 했으나 하나님의 말씀께서 한 몸으로 나타나시고, 자신의 아버지를 우리에게 알리신 이후, 귀신들의 속임수는 중단되었고 사라지게 되었다. 그리고 인간은 아버지의 참되신 말씀께로 시선을 돌려, 우상을 버리고 참 하나님을 알게 되었다.

자, 이것이 그리스도가 말씀이신 하나님이며 하나님의 권능이시라는 증거다. 인간의 일은 끝나고 그리스도에 관한 사실들은 여전하기에, 끝나는 일들은 덧없지만 여전한 분은 하나님이요, 하나님의 참된 아들이며, 독생자이신 말씀이라는 것이 모두의 눈에 뚜렷이 드러난다.

9장
결론

#56

자, 그리스도를 사랑하는 자 마카리우스여, 이것이 바로 그리스도를 믿는 믿음 및 우리에게 계시된 그분의 신성에 관해 그대에게 주는 짤막한 진술이다. 이것이 그대에게는 시작이 될 것이며, 성경을 연구함으로써 이 진술에 담긴 진리를 계속 입증해 나가야 한다. 성경은 하나님이 기록하셨고 하나님에게 영감받았다. 또한 우리는 성경을 읽고 그리스도의 신성을 위해 순교자가 된 영감받은 교사들에게서 배운 자들로서, 그대가 배우는 일에 열심을 낼 수 있도록 계속 이바지할 것이다. 성경에서 그대는 그분이 우리에게 두 번째로 영광스럽고도 신적으로 나타나시는 것에 대해서도 배우게 될 것인데, 그때 그분은 비천한 모습으로가 아니라 그분에게 합당한 영광 가운데 오실 것이고, 초라한 외양이 아니라 위엄 있는 모습으로 오실 것이며, 이제는 고난당하시지 않고 우리 모두에게 십자가의 열매를 주실 것이니, 그 열매는 바로 부활과 썩지 않음이다. 그때 그분은 심문받으시는 게 아니라 오히려 그분 자신이 심판자가 되셔서 각 사람을 심판하시되 몸으로 행한 선악 간의 행위에 따라 모두를 심판하실 것이다. 선한 자에게는 천국이 예비되어 있지만 악을 행한 자에게는 바깥 어둠과 영원히 꺼지지 않는 불이 기다리고 있다. 그래서 주님도 친히 이렇게 말씀하신다. "내가 너희에게 이르노니 이후에 인자가 권능의 우편에 앉아 있는 것과 하늘 구름을 타고 오는 것을 너희가 보리라"(마 26:64). 그날을 위해 우리를 예비시키시려고 그분은 또 이렇게 말씀하신다. "그러므로 깨어 있으라 어느 날에 너희 주가 임할는지 너희가 알지 못함이니라"(마 24:42). 그리고 복된 자 바울도 말한다. "이는 우리가 다 반드시 그리스도의 심판대 앞에 나타나게 되어 각각 선악 간에 그 몸으로 행한 것을 따라 받으려 함이라"(고후 5:10).

#57

하지만 성경을 탐구하고 올바로 이해하기 위해서는 선한 삶과

정결한 영혼, 그리고 그리스도를 좇아 행하는 덕행이 필요하며, 그래야 사람의 생각이 이 덕행의 인도를 받아 인간이 할 수 있는 한까지 말씀이신 하나님에 관한 진리를 이해할 수 있다. 정결한 생각을 품고 거룩한 사람들의 삶을 본받으려 애쓰지 않으면 이들의 가르침을 이해할 수 없다. 햇빛을 보려 하는 사람은 먼저 눈을 깨끗이 닦아 내서, 자신이 보고자 하는 것의 청결함에 어느 정도 비슷한 상태가 되게 해야 한다. 그렇게 눈이 밝아져야 그 눈으로 햇빛을 볼 수 있다. 또한 도시나 전원(田園)을 보고자 하는 사람은 그 장소에 가야 그 풍경을 볼 수 있다. 마찬가지로, 성경을 기록한 이들의 생각을 이해하고자 하는 사람은 먼저 자기 삶을 깨끗이 해야 하며, 이 거룩한 사람들의 행위를 본받음으로써 이들에게 다가가야 한다. 이렇게 공통된 삶의 행위로 이들과 하나가 되어야 하나님이 이들에게 계시하신 일들을 알게 되고, 그렇게 해서 죄인들을 위협하는 심판의 위험에서 벗어나 성도를 위해 천국에 예비된 것을 받게 된다. 그 상급에 대해서는 "눈으로 보지 못하고 귀로 듣지 못하고 사람의 마음으로 생각하지도 못하[는]"(고전 2:9) 것이라고 기록되어 있다. 하나님이 예비하신 이것은 경건한 삶을 살며 그리스도 예수 우리 주님 안에서 하나님 아버지를 사랑하는 사람들을 위한 것이니, 그리스도를 통해, 그리고 그리스도와 함께, 아버지께,

아들과 함께 성령 안에서 존귀와 능력과 영광이 세세무궁토록 있을지어다. 아멘.

말씀의 성육신에 관하여

초판 발행	2021년 1월 15일
초판 3쇄	2025년 11월 26일
지은이	아타나시우스
옮긴이	오현미
발행인	손창남
발행처	죠이북스(등록 2022. 12. 27. 제2022-000070호)
주소	02576 서울시 동대문구 왕산로19바길 33, 1층
전화	(02) 925-0451(대표 전화)
	(02) 929-3655(영업팀)
팩스	(02) 923-3016
인쇄소	주손디앤피
판권소유	ⓒ(주)죠이북스
ISBN	978-89-421-0458-1 03230

책값은 뒤표지에 있습니다.
잘못된 도서는 교환하여 드립니다.
이 책 내용을 허락 없이 옮겨 사용할 수 없습니다.